羊毛フェルトでつくる

ウチのコそっくり
かわいい子猫

佐藤法雪

目次

はじめに

猫はとても神秘的な生き物です。
いつの時代も芸術家の感性を刺激し、美を愛でる人々を魅了してやみません。
それと同時に、人間よりも寿命が短く、成長のスピードが早いのも猫の特徴です。
人間に比べたら短い猫の一生の中で、「子猫」の時間はさらに短い。
2～3ヶ月で大人猫と同じ大きさになってしまいます。
—— 短い子猫の時間を切り取って、「猫人形」として再現したい。
—— 家に迎えたばかりの、初々しい子猫をモデルにしたい。
そんな要望にお応えして、子猫をテーマにした[illegible]の本を出すことにしました。

猫人形作りにおいて、子猫のサイズはとても都合のいいサイズです。
大人猫の場合は胴体と頭が重くなってしまうので、どうしても
立たせるために針金の芯を必要としたのですが、
子猫は足元を固く刺し留めることで針金を使わずにすみました。
初心者の方でも作りやすいと思います。
作って楽しい上に、プレゼントにも最適。それが子猫の猫人形です。

大人猫とは違う、子猫特有の未発達の筋肉・骨格の特徴をとらえながら、
すくすくと伸びていく若葉のような、
あふれんばかりの命の光を表現していきましょう。

佐藤法雪

本書で作り方を紹介している猫人形

白猫
×
2本足立ち
→ P 72

茶トラ猫
×
香箱座り
→ P 56

キジ白猫
×
お手入れ中
→ P 62

キジ白猫
×
伸び
→ P 74

サバ白猫
×
お座り
→ P 60

黒猫
×
警戒歩き
→ P 64

長毛猫
（ノルウェージャン・
フォレストキャット）
×
お座り
→ P 82

長毛猫
（ラグドール）
×
振り返り
→ P 78

白黒ハチ割れ猫
×
4本足立ち
→ P 66

三毛猫
×
寝転がり
→ P 69

第1章

猫人形の基礎知識

猫人形を作るには、ニードルや羊毛フェルトについて知ることが大事です。この章で基本的なニードルの持ち方や刺し方、そして猫人形作りの大元となるパーツ作りの方法をお伝えします。まずはニードルを持って、練習してみましょう。

STEP 1

羊毛フェルトって何？

猫人形の素材となる羊毛フェルトのことを、まずは知っておきましょう

主な素材　どんな形でも自由自在に作れるのが最大の魅力

「羊毛フェルト」とは、羊の毛で作られているフェルトのことです。専用のニードル（フェルティング専用針）で羊毛を刺し固め、様々な形や質感を作ることができます。ニードルを刺す回数が少ないとふんわりした形になり、多いと固く小さくなります。動物やスイーツ、小物アクセサリーなど、どんな形でも作れるのが最大の魅力です。

本書では、猫人形のパーツを「ニードルわたわた」で作成し、毛色や毛並みを「羊毛フェルト」で作っています。また、毛色を表現するために「フェルケット」を用いることもあります。猫の目には手芸用の「キャッツアイ」を使います。

● 羊毛フェルト

様々な種類がありますが、本書で使用するのは、繊維が一定方向に向かってそろえられている「スライバータイプ」になります。巻き取った状態で販売されています。

● ニードルわたわた

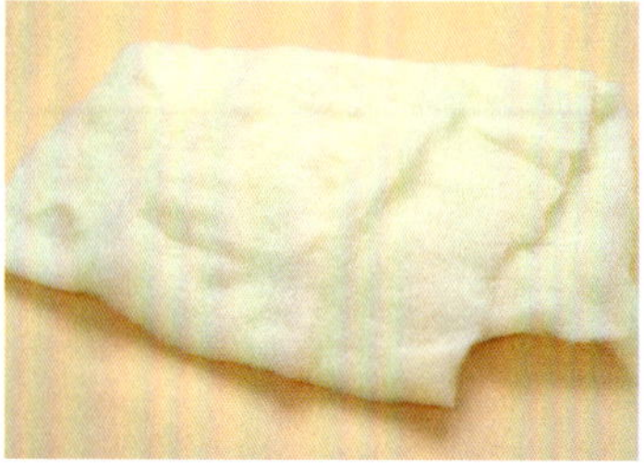

ふくらみのある「わた状」なので、ニードルで数回刺すだけでまとまっていきます。P26から紹介しているパーツ作りには、ニードルわたわたを使用しています。

● フェルケット

シート状にプレスされた羊毛です。切って貼り刺すだけで、黒猫や白猫など、単色系の猫人形の毛色を表現できます。本書ではP62、64で使用しています。

● キャッツアイ

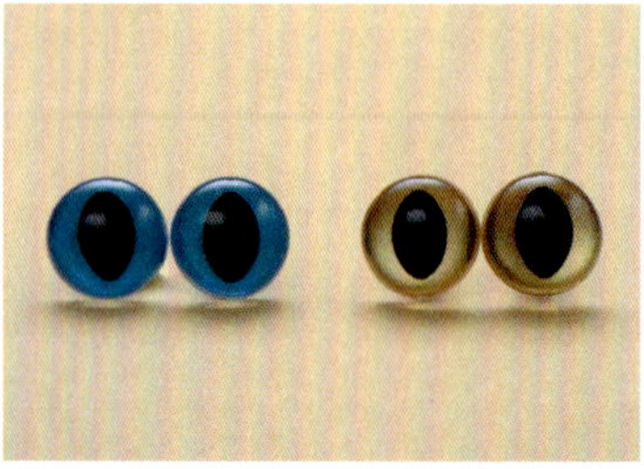

猫人形の目に使います。いろいろな大きさがありますが、本書では12mmのものを使用します。ブルーやイエロー、ゴールドやブルーパールなどもあります。

使用道具

作品作りに必要な道具をご紹介します。手芸店や100円ショップで購入できます。

羊毛フェルトでの猫人形作りには、いくつかの道具が必要になります。制作の前に準備しておきましょう。スパチュラは大きな文房具屋などで購入できます。

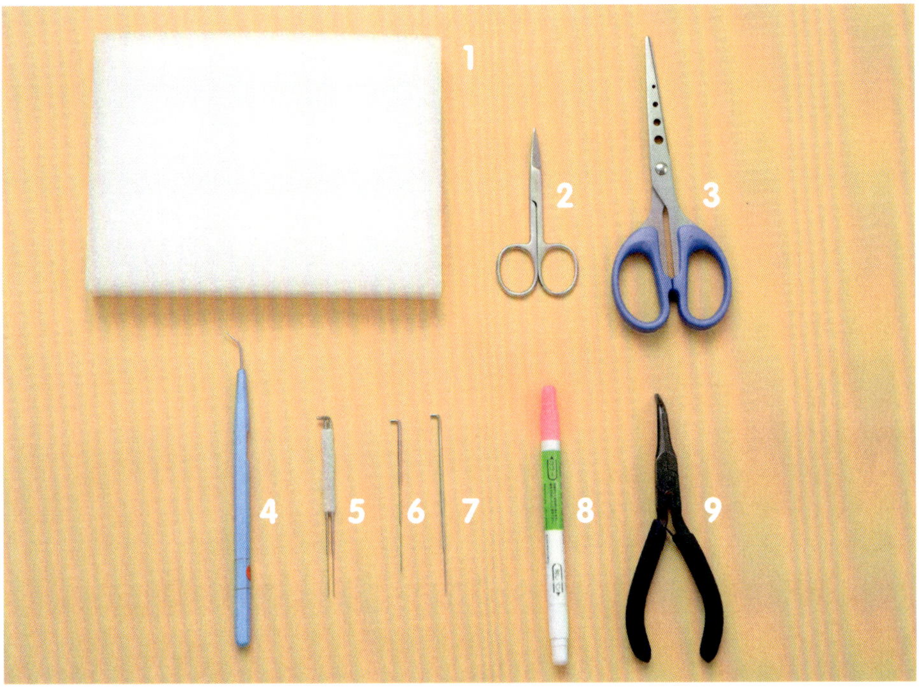

1 フェルティング用マット

スポンジ状のマットです。羊毛の下に敷いておくとニードルを刺し通せるので、針が折れるのを防げます。

2 手芸用ハサミ

猫人形の目の周りや、余った羊毛など、細かい部分をカットをする時に使います。

3 ハサミ

羊毛やフェルケットをカットする時に使います。紙を切るハサミとは別に用意したほうがいいでしょう。

4 スパチュラ（かぎ針）

かぎ爪のように曲がった金属がついている棒。羊毛を引っかいて、毛並みを表現する時に使います。

5 2連ニードル

2本のニードルをバンテージで巻いて一体化させたもの。通常の倍のスピードで羊毛を刺せます。下記のように専用ホルダーも売っています。

6 フェルティング用ニードル(極細針)

通常のニードルより針が細いため、細かい部分を作る時に便利です。針が折れやすいので注意しましょう。

7 フェルティング用ニードル

先端部分にギザギザの突起があり、羊毛に刺すと突起と繊維が絡み合います。これを繰り返して羊毛をフェルト化させます。

8 チャコペン

布に印をつける際に用いる手芸ペンです。ニードルわたわたに、毛色の範囲を指定する時などに使用します。

9 ニッパー及びペンチ

本書で使用しているキャッツアイは、裏に芯があります。猫人形作りでは使わないため、ニッパーで切断します。

あると便利な道具

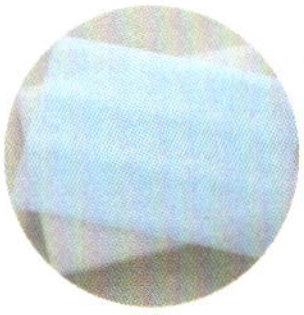

マットカバー

上記で紹介したフェルティング用マットに乗せて使うカバー。白い羊毛やニードルわたわたを刺す時に、毛色がはっきり見えて便利です。

染めペン

布に色をつけられる染めペン。混毛で毛色が上手く表現できない時など、染めペンで色をつけるのも手法のひとつです。

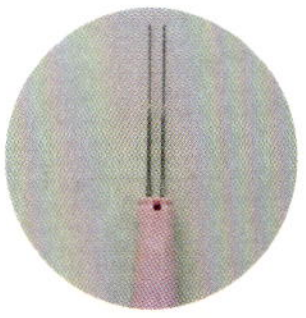

ニードルホルダー

ニードルを2本セットできる、専用のホルダー（極細用）。

※本書で紹介している素材、道具（ハサミ、スパチュラ、チャコペンを除く）は、ハマナカ（奥付参照）で購入できます。

STEP 2

ニードル使いをマスターする！

**かわいい作品を作るためには、
基本のニードル使いを正しく理解することが大切です。**

ニードルの持ち方　中指と親指で持って人差し指で押さえる形です

フェルティング用のニードルは、上部が少し曲がっています。この部分を針柄（しんぺい）といい、羊毛を刺す時はストッパーになります。針の先端を針先（はりさき）、中央の手で握る部分を針体（しんたい）と呼びます。

まずは、正しい持ち方をマスターしましょう。針体を親指と中指で持ち、ストッパーである針柄を人差し指の第一関節あたりに軽くあてましょう。効率よく刺していくことができます。右の写真を参考にしてみてください。

正しい持ち方

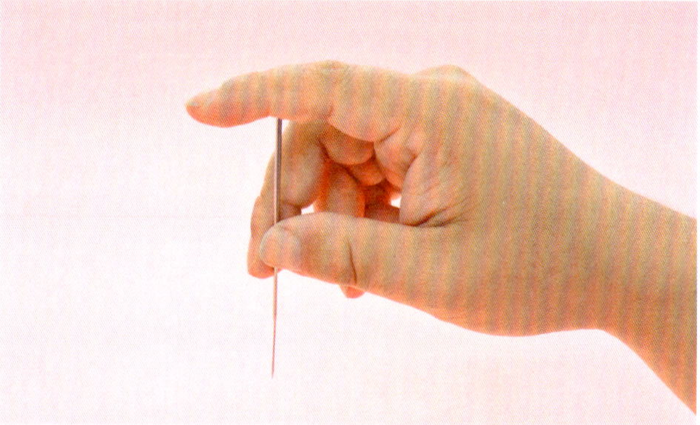

力を入れすぎず、軽く持つことを心がけましょう。針先の突起には直に触らないように注意を。

NGな持ち方

鉛筆持ち

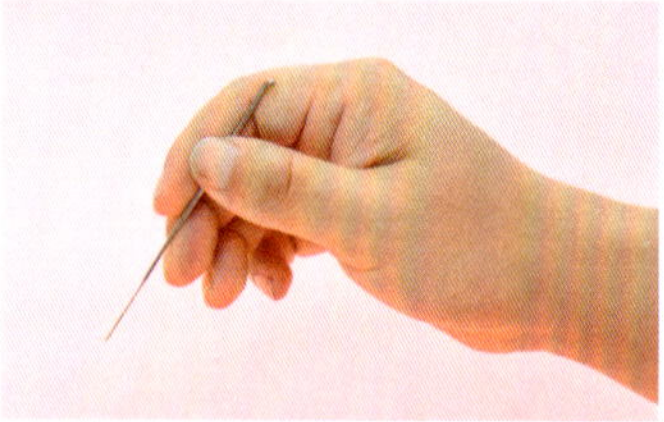

刺した瞬間に、ニードルが手からすっぽ抜ける可能性があるのでNG。

裁縫持ち

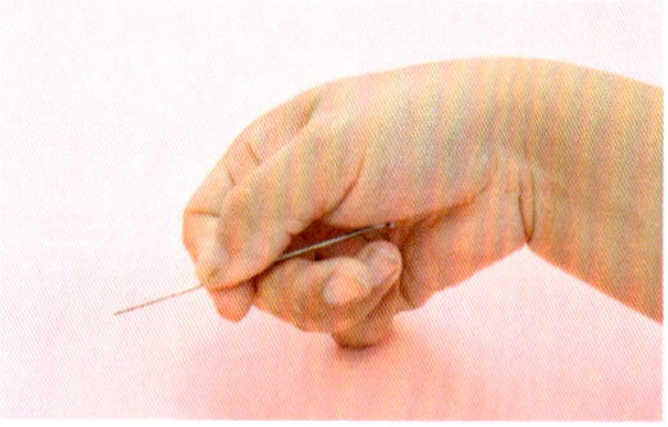

裁縫針のような持ち方もNG。連続して刺すという作業には向きません。

げんこつ持ち

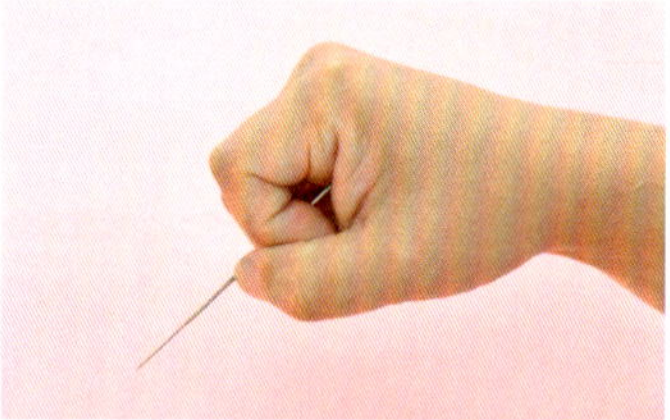

針全体を掴んでしまうと、針柄が手のひらに刺さって痛くなってしまいます。

つまみ持ち

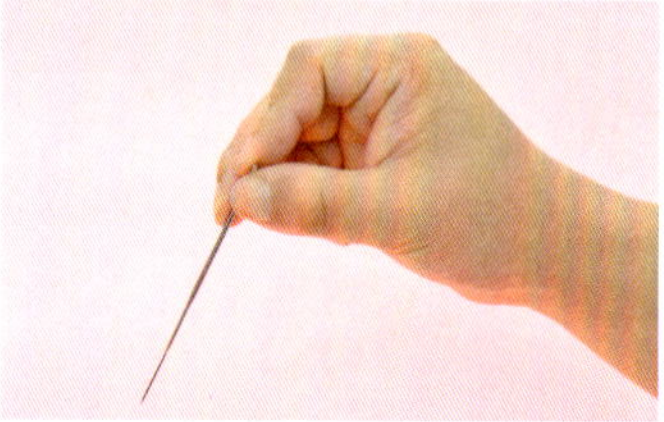

針柄だけをつまむのもNG。不安定な上に、力が入りにくいです。

注射器持ち

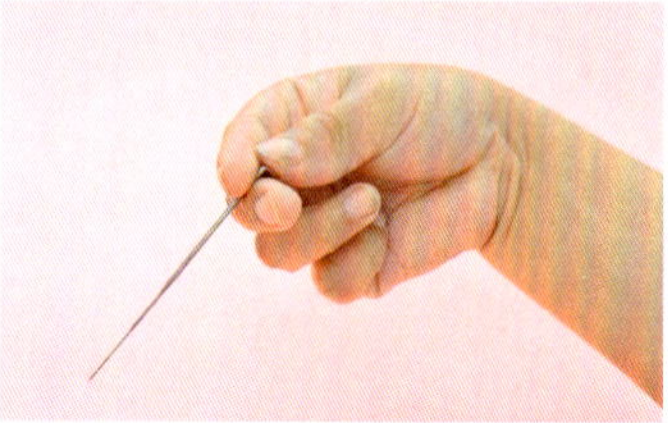

手首全体を大きく動かさなくてはならず、力が均等に入りにくいです。

握り持ち

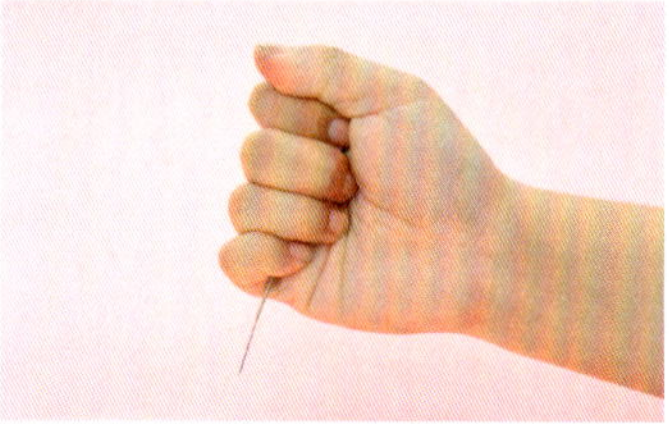

力が入りすぎる上に針が折れやすく、手全体を動かすので疲れやすくなります。

ニードルの刺し方

ニードルを刺した角度のまま抜くのが基本

ニードルを刺す角度は、どんな角度からでもかまいません。上からでも横からでも、斜めからでも刺すことができます。一番大切なのは、刺した角度のままニードルを引き抜くこと。刺した状態でニードルを斜めにしたり、羊毛をかき混ぜることはNG。ニードルが折れてしまう可能性があります。

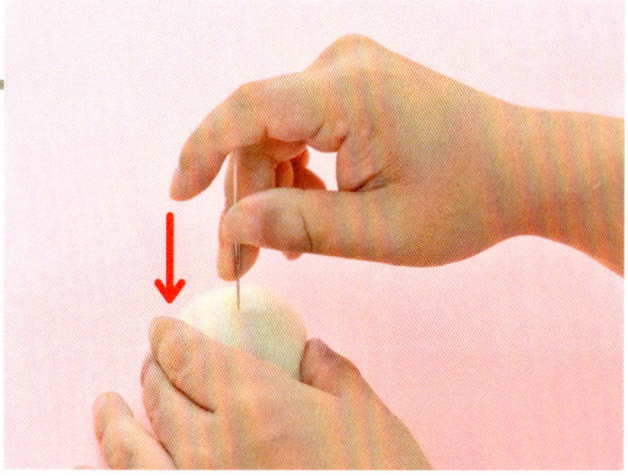

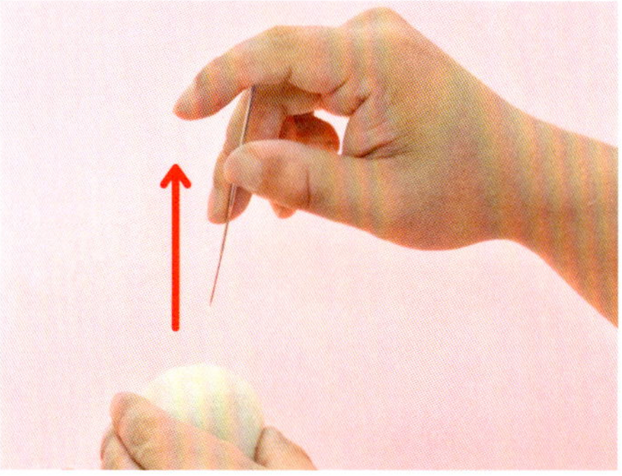

正しい刺し方

刺した角度のまま、まっすぐにニードルを引き抜くこと。下にマットなどがあれば、突き通してしまうといいでしょう。

NGな刺し方

● 刺して動かす

刺してから、ニードルの角度を動かすことはNGです。針が折れてしまう可能性があります。

● すくい上げる

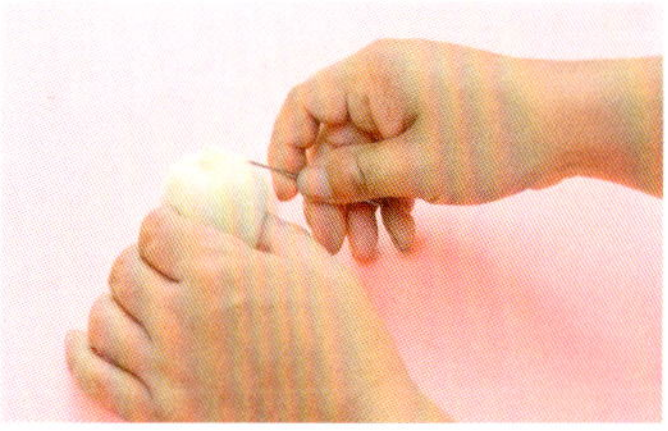

裁縫のように、羊毛をすくい上げるのもNG。羊毛がフェルト化しません。

● 寄せ集める

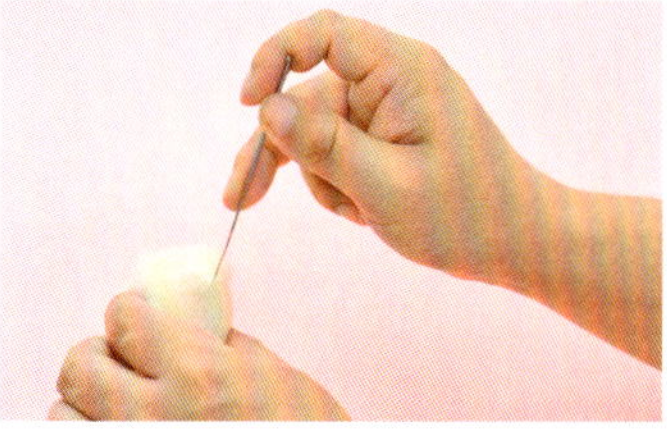

針先で羊毛を寄せ集めるのもダメです。羊毛も傷みますし、ニードルも折れます。

● かき混ぜる

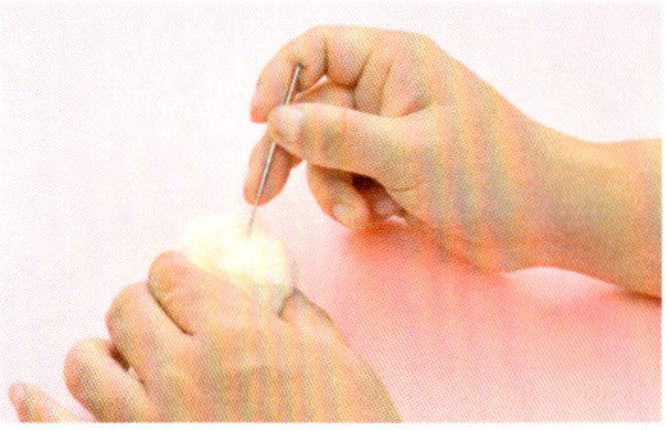

刺したニードルで羊毛内をかき混ぜるのもNG。羊毛内で針が折れてしまいます。

● 手が近い

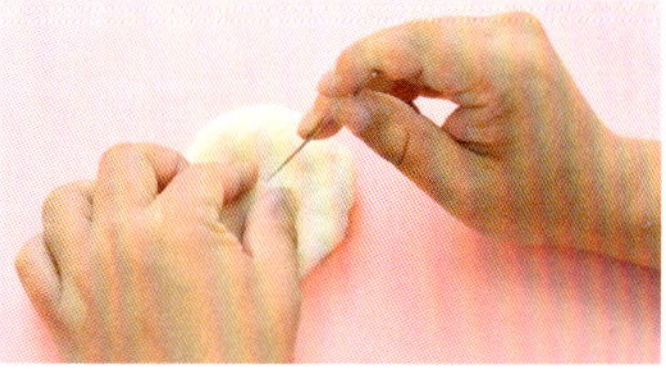

押さえる指がニードルと近すぎると、誤って手を刺してしまう可能性が。どうしても行わなければいけない時は細心の注意で臨みましょう。

● 逆手で押さえる

夢中になると、つい逆手になってしまうことも。手元が見えにくくなります。

● 空中で刺す

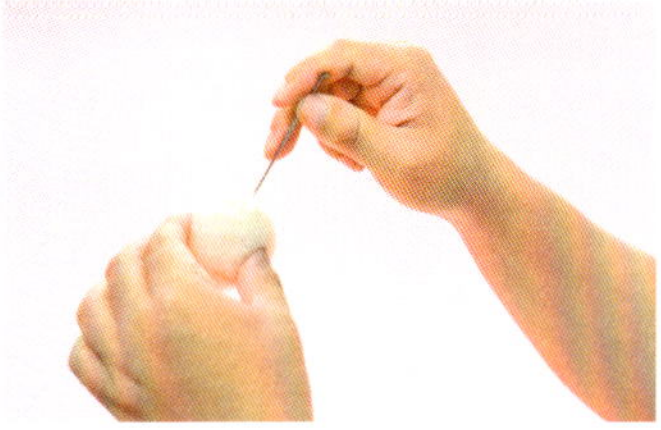

不安定な上にニードルを貫通させてしまい、思わぬケガをしてしまうことも。

STEP 3

各パーツの作り方

顔や胴体、足作りの基本となる「パーツ作り」をマスターしましょう。

ボール(顔)

まん丸ボールを作ります

猫人形の顔は、まん丸のボールがベースになっています。ニードルわたわたを使って、球体を作ってみましょう。直径5cmの球体が基本です。のちに口や鼻などのパーツをつけたり、目を入れる穴を開けたりするので、適度な固さと柔らかさが必要です。ニードルを深めに刺すと、ボールの中心が固くなります。

まん丸のボールをイメージして作りましょう。

ボールの作り方

1 10cm×20cm程度のニードルわたわたを用意します。写真を参考にしてみてください。

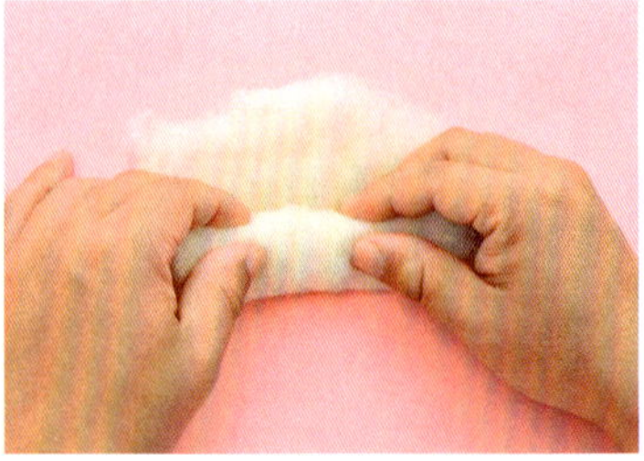

2 ニードルわたわたを、手前から手巻き寿司のように巻いていきます。

3 巻き終わったニードルわたわたの右端を折りたたみます。

4 左端も折りたたみます。3で折った右端がずれないように、手で押さえましょう。

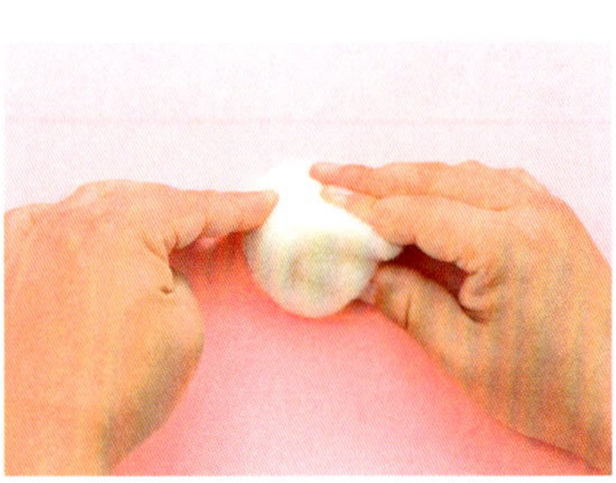

5 3つ折りした状態になります。

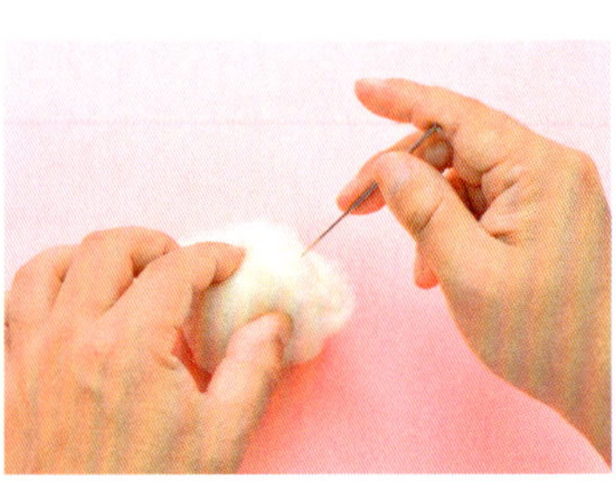

6 全体をニードルで刺し固めて、ボール状にしていきます。3つ折りがわかる面は重点的に刺して、表面が平らになるようにしていきましょう。

コッペパン（胴体）

すべての猫の胴体になります

楕円形を少しつぶして、前と後ろで幅に差をつけたコッペパン型が猫の胴体になります。ポイントは腰周りの部分に、ニードルわたわたを足してボリュームを出すこと。猫の丸い下半身を表現します。あまり固くしてしまうと重くなり足で支えきれなくなるので注意。香箱座りを作る時は少々固めがよいです。

猫らしい丸みのあるフォルムが必要です。

コッペパンの作り方

1 20cm×40cmほど（ボールの倍くらい）のニードルわたわたを用意します。

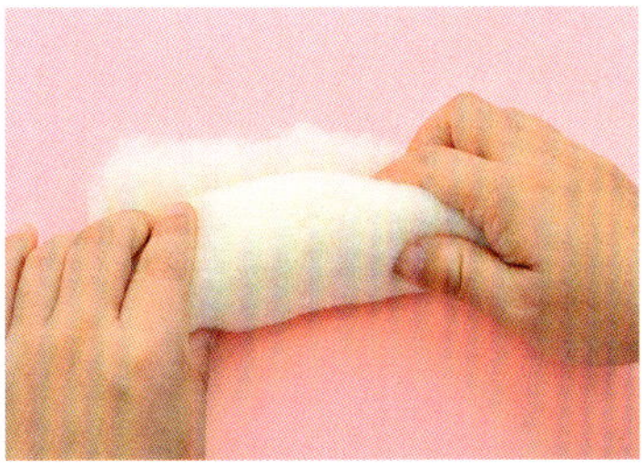

2 手前から、手巻き寿司のように巻いていきます。あまり固くせずに、ふんわり巻いていきましょう。

3 全体をニードルで刺して、軽く留めます。

4 右端を折り曲げます。左手の人差し指で押さえると楽ちんです。

5 折り曲げた部分をニードルで刺し留めます。折り目が見えなくなるように刺していきましょう。

上
刺し固めたものを上から見た状態。

横
刺し固めたものを横から見た状態。折り曲げた分、右端がふくらみます。

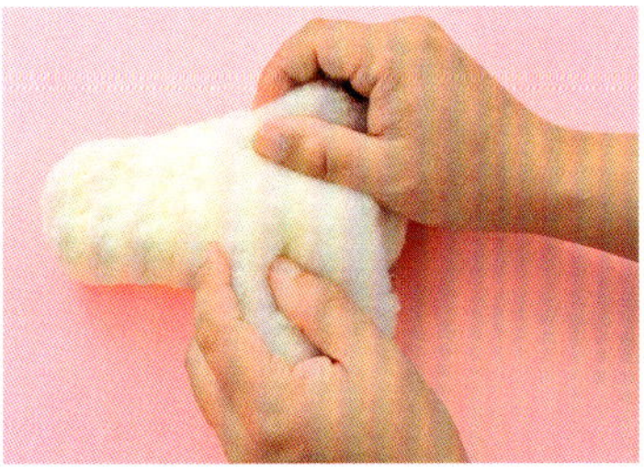

6 腰周りのボリュームを出すために、適量のニードルわたわたをお尻側に足します。底面は平らにしたいので足さないでOK。

7 足したニードルわたわたを刺し固めて、周囲となじませます（→ P31）。

上
完成形を上から見たところ。サイドにボリュームが出ました。

横
横から見ると、腰からお尻にかけて盛り上がっているのがわかります。

丸棒（足その1）

体を支える大切なパーツ

香箱座り以外の猫人形には、4本の足パーツが必要です。基本的には丸い棒を作り、姿勢に応じて折り曲げていきます。体を支える大事なパーツなので、しっかりと固めに作るほうがよいでしょう。組み立ててバランスが悪いなと思ったら、ニードルわたわたを足して調整してください。

丸い棒を折り曲げて、様々な足の形を表現します。

丸棒の作り方

1 適量（15cm × 15cm 程度）のニードルわたわたを用意し、手前から巻いていきます。

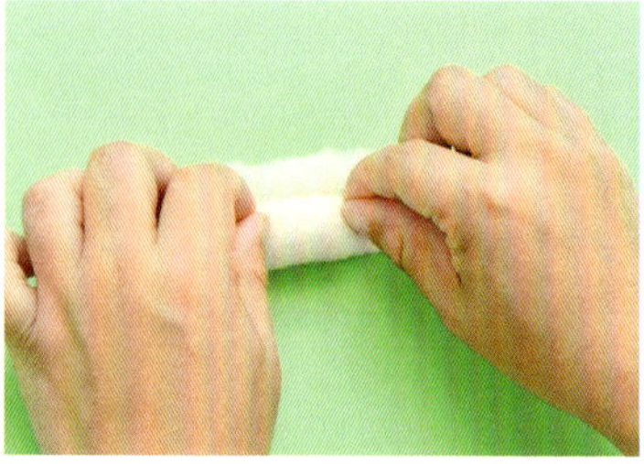

2 頭や胴体よりも、固めにしっかりと巻きましょう。

3 丸い棒になるように、ニードルで刺し固めていきます。端はニードルわたわたがはみ出やすい部分。丁寧に整えましょう。

小判（足その2）

平たい楕円形をしています

お座りしている猫人形を作る際、胴体の下に折りたたんだ後ろ足としてこの形を使います。平べったい楕円形を目指しましょう。

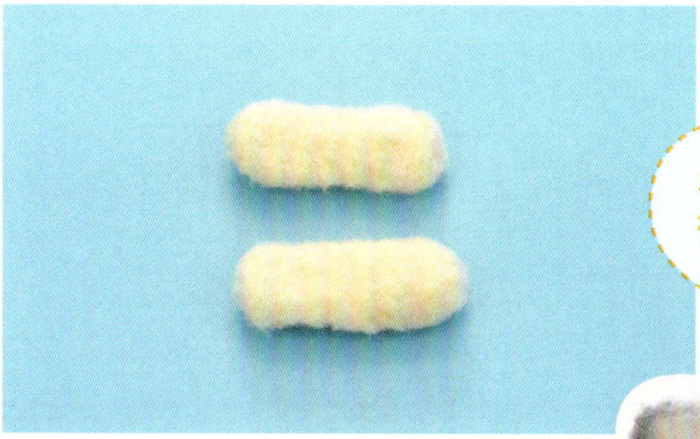

上段の丸棒と違って、厚みのない形です。

小判の作り方

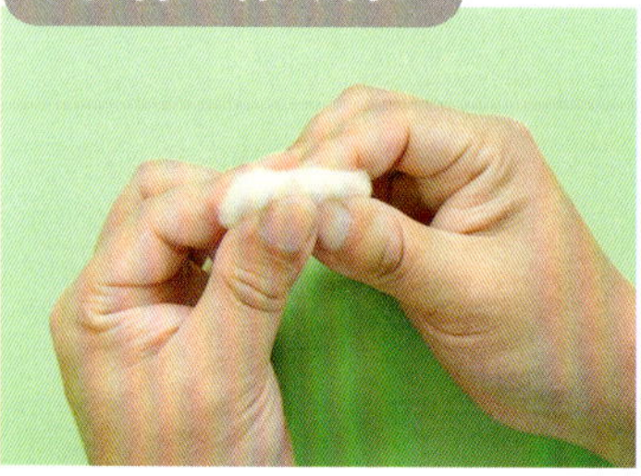

1 ひとつまみ（2cm × 4cm 程度）のニードルわたわたを、手の指でつぶして楕円形を作ります。5mm 程度の薄さを目指しましょう。

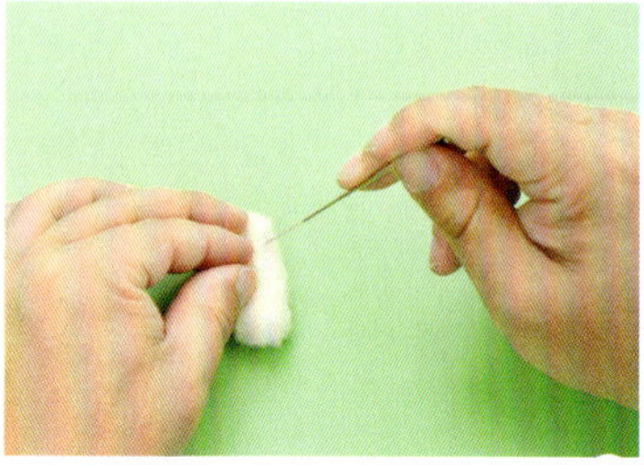

2 1で作った楕円形を、ニードルで刺して固めます。

四角シート（耳）

薄いシート状を目指します

左右の耳に使うパーツは、薄い四角形のシートです。これを対角線で切って、2つの三角形を作ります。猫の耳は薄くても、しっかりした質感があります。ニードルわたわたの密度を濃くしつつ、2〜3mmの薄さを目指しましょう。のちに曲げるので、固くなりすぎないように注意。

シートを1枚作れば、左右の耳になります。

四角シートの作り方

1 ニードルわたわたを10cm×10cm程度、用意します。

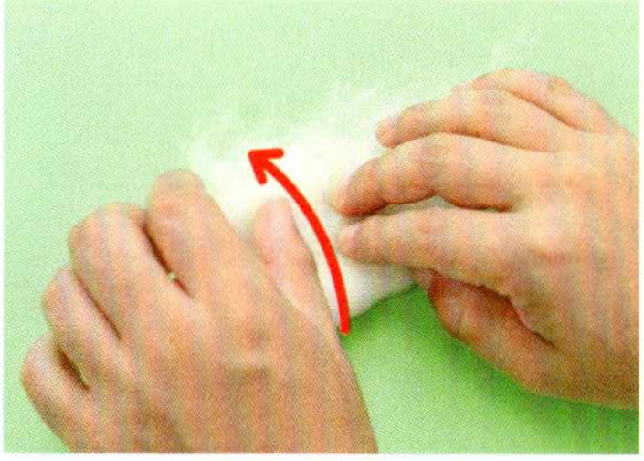

2 手前から半分に折ります。

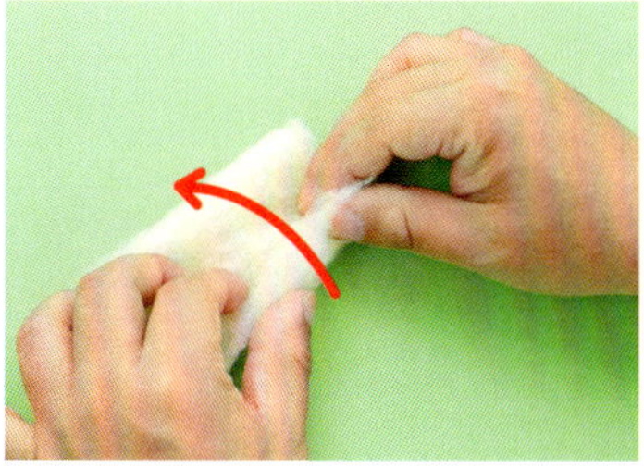

3 さらに半分に折ります。丸まった側を奥にして、手前から折るようにしましょう。

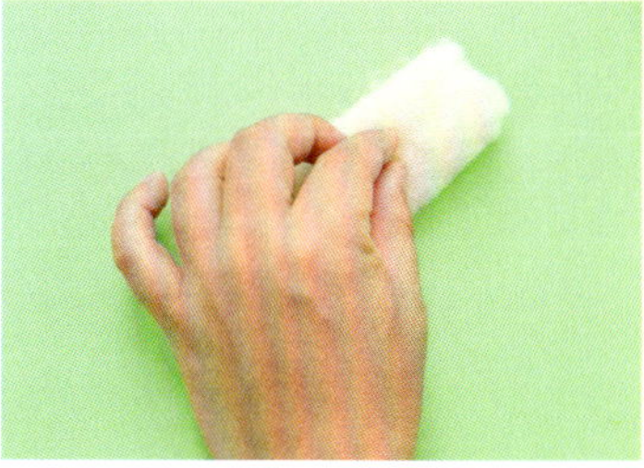

4 横から見たら4つ折りになっているはずです。

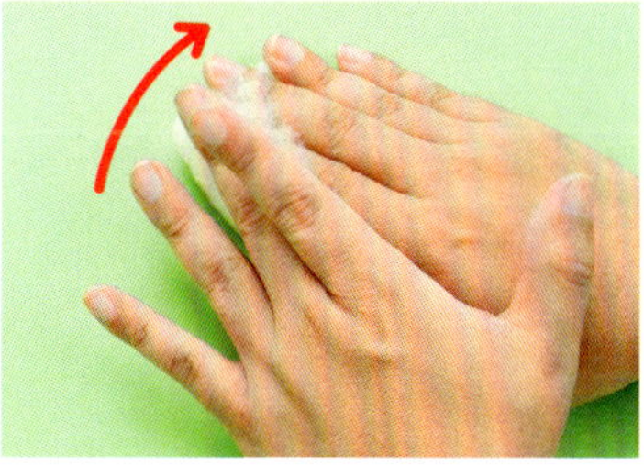

5 今度は左端から、左右の真ん中で2つ折りにします。

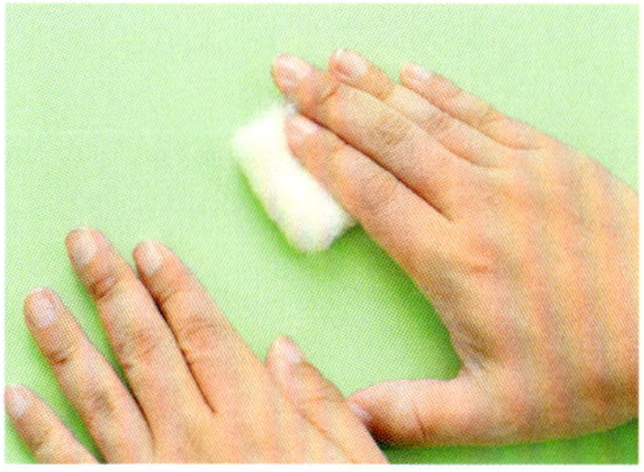

6 これで全部で8つ折りになっています。

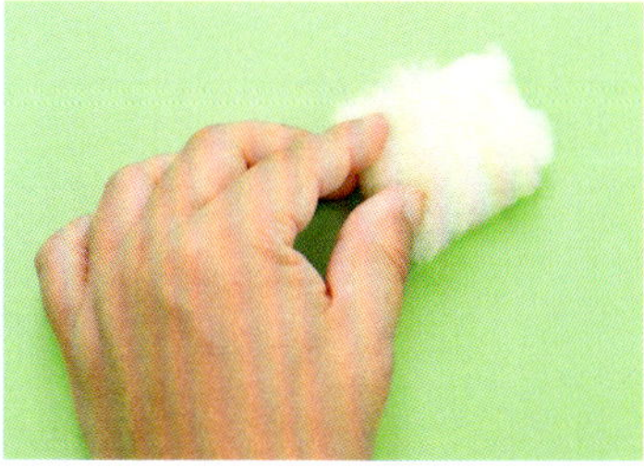

7 崩れないように手でしっかり押さえておきます。

8 四角形になるように、ニードルで刺し固めていきます。まずは周辺を刺し留めましょう。

9 薄さ2〜3mmになるまで刺し固めていきましょう。

パフ（太もも）

化粧品のパフを目指します

猫の丸みある太もものラインを表現するために、胴体にパーツを足していきます。そのために必要なのが、今回作るものです。女性が化粧で使うパフに似た形をしています。胴体に接合して使うので、固いよりもふっくらした仕上がりのほうがよいです。1体の猫人形で2枚必要になります。

ふんわりと柔らかに仕上げましょう。

パフの作り方

1 ニードルわたわたをひとつかみ、用意します。

2 中心を包むように、周囲のニードルわたわたを寄せていきます。

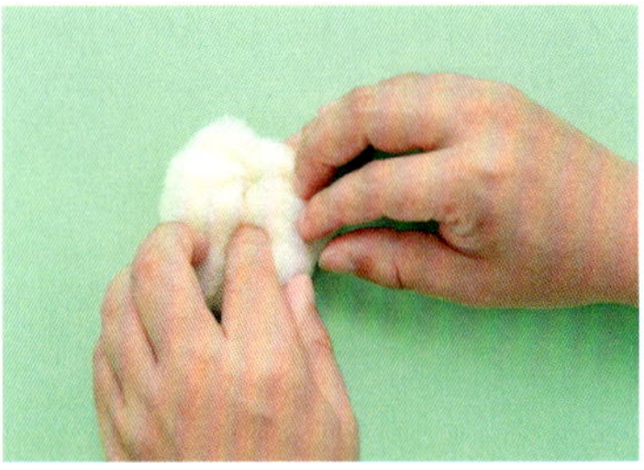

3 周囲を全部中心に寄せて、円形になるように包んでいきます。

4 これが周囲全部を寄せた形。肉まんのような形になります。

5 形が崩れないように中心部を片手で押さえつつ、ニードルで刺し固めていきます。

6 横から刺していくと、丸い形に整えやすいです。

先端が細い棒（シッポ）

形は決まっていません

長いシッポ、途中で切れているシッポ、ボブテイル、鍵シッポなどなど、猫のシッポの形はさまざまです。ここではスタンダードな長いシッポの作り方をご紹介しますが、愛猫に合わせて長さや形、太さを変えてOKです。鍵シッポは、前足と同様に棒を曲げて表現します。

先端が細くなっているシッポです。

先端が細い棒の作り方

1 10cm × 10cm 程度のニードルわたわたを丸めていきます。

2 1で丸めたものを、ニードルで刺し固めていきます。

3 端はニードルわたわたがはみ出やすいので、丁寧に整えましょう。

4 シッポの先端になる部分を重点的に刺し、細くしていきます。

ウラワザ！

手で撚《よ》って細くする

ニードルで刺し固めて丸棒を作ったら、それを手で撚って先端を細くしていきましょう。ニードルで刺すよりも早い時間で、きれいな形に仕上がります。

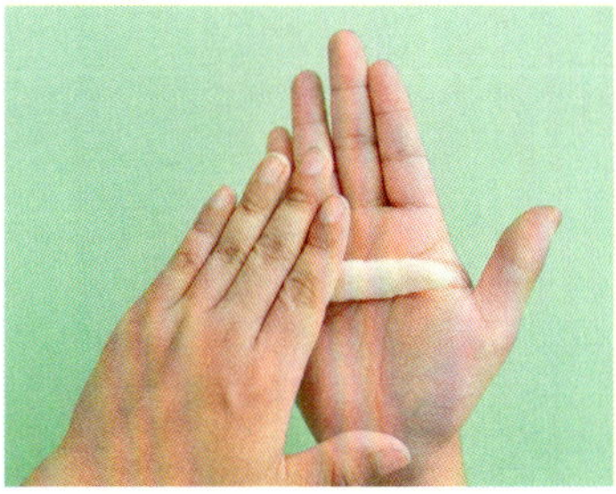

なじませるってどういうこと？

作り方の中に「周囲となじませる」という表現が出てきます。パーツとパーツのつなぎ目には、ニードルわたわたを足すのが基本。足したニードルわたわたを刺し固めていくと、ニードルわたわたと周囲が一体化します。これが「なじませる」ことです。つなぎ目を消したり、補強したりする場合に使います。

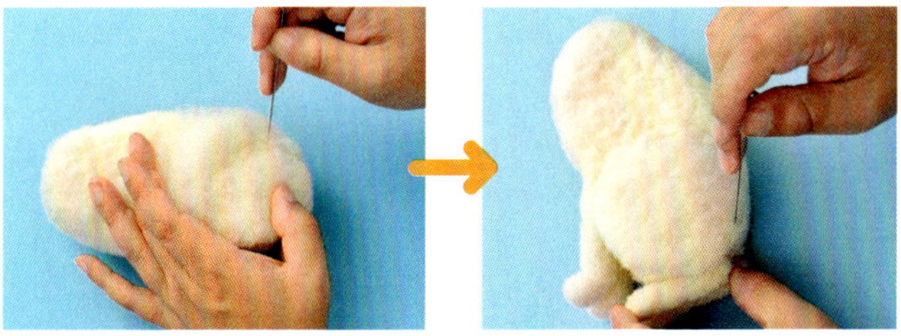

羊毛わたの作り方

「羊毛わた」は、一定方向に繊維が並んでいる羊毛フェルトを裂いて、
繊維がいろんな方向を向き網目状になった「わた」状態にしたもの。
猫人形の顔の毛並みなどを表現する時に用います。
簡単な作り方をご紹介しましょう。

1 適量の羊毛フェルトを手に取ります。

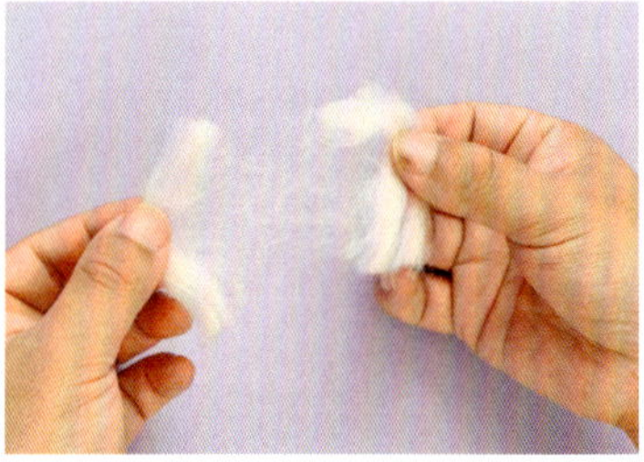

2 繊維にそって、真横に引っ張るようにして半分に裂きます。

3 2で裂いたものを、バッテンに重ねます。

4 2と同じように、真横に引っ張ります。

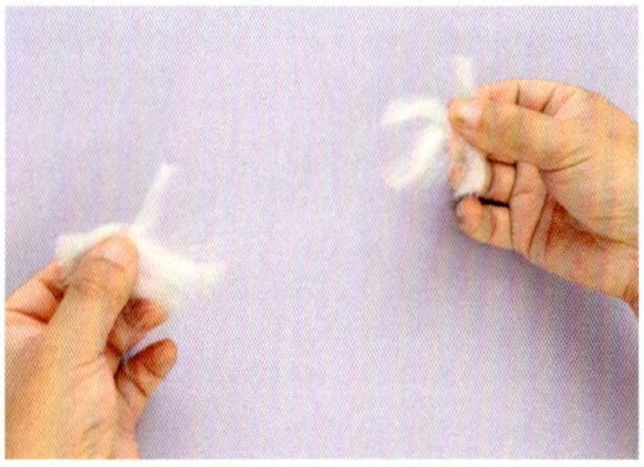

5 完全に裂くようにしましょう。力を入れずに、スッと一気に引っ張るのがポイントです。

6 3と同じように、裂いたものをバッテンに重ねます。

7 みたび、真横にスッと引っ張ります。

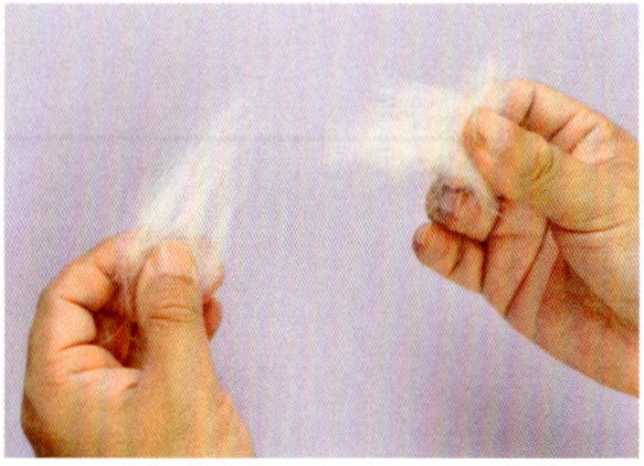

8 完全に裂きます。これを数回繰り返して、繊維の向きをばらばらにしていきます。

9 これが「羊毛わた」できあがりの状態です。

STEP 4

猫毛を加工してみよう

**愛猫の毛を加えて、世界で一つの人形を制作してみましょう。
愛着もひとしおです。**

猫毛の処理

洗剤ですすいで自然乾燥しましょう

愛猫の毛を使って、世界でただ一つの人形が作りたい。そんな風に思う飼い主さんも多いでしょう。ここでは猫毛を猫人形に加える方法をご紹介します。猫の毛は比較的きれいですが、そのままではフケやほこりがついたままになってしまいます。ハンドソープなどで軽くすすぐほうがよいでしょう。

愛猫の猫毛。ブラッシングでとれた毛が最適です。

ボウルとざるを用意。猫の毛が落ちない網目のものを。

猫毛の洗浄方法

1 固まった猫毛をほぐしながら、ゴミやフケを取り除きます。

2 ボウルに水やぬるま湯を張り、ざるに猫毛を入れます。

3 ざるごとボウルにつけます。水に押しつけるようにして、全体を浸しましょう。

4 ハンドソープ（衣料用洗剤でも可）を少量垂らします。

5 軽くすすぐようにして洗います。強くかき混ぜると毛が切れるので注意。

6 洗剤をゆすいだら、ざるをあげて水気を切ります。

7 通気性のよい巻き簀などの上に、毛が重ならないように並べます。

8 自然乾燥で完全に乾かします。乾いた猫毛はジッパー式のビニール袋などで保管しましょう。

猫毛を貼ってみよう

**猫毛の準備ができたら、猫人形に加えてみましょう。
全部を猫毛で作るのは大変ですが、
ベースを羊毛で作り、
一部に猫毛を貼るだけなら簡単にできますよ。**

背中や頭に猫毛が貼られた状態。
羊毛とは異なる質感になります。

1　黒白猫

黒白の猫人形に、
黒猫の毛をプラス！

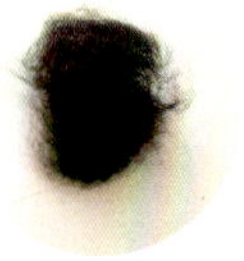

1 猫毛を適量取り、一定方向に毛並みを整えます。

2 羊毛わたを作る時の要領で、真横に裂いていきます。数度それを繰り返して、猫毛でわたを作っていきます。

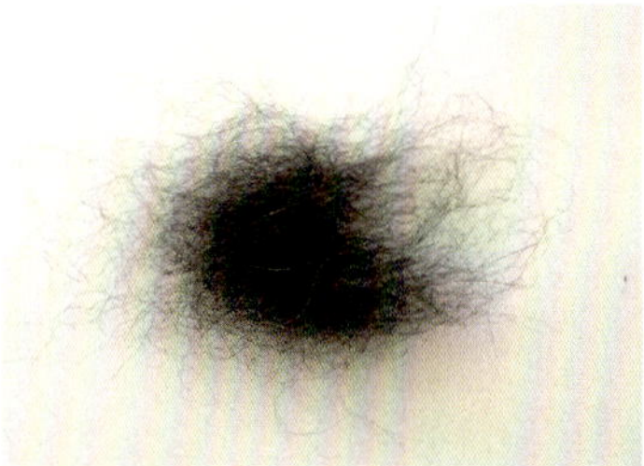

3 これが羊毛わた状態になった猫毛。毛の向きがばらばらになっています。

4 貼りたい部分に猫毛をあてて、ニードルで刺し留めていきましょう。羊毛と同じように留まるはずです。

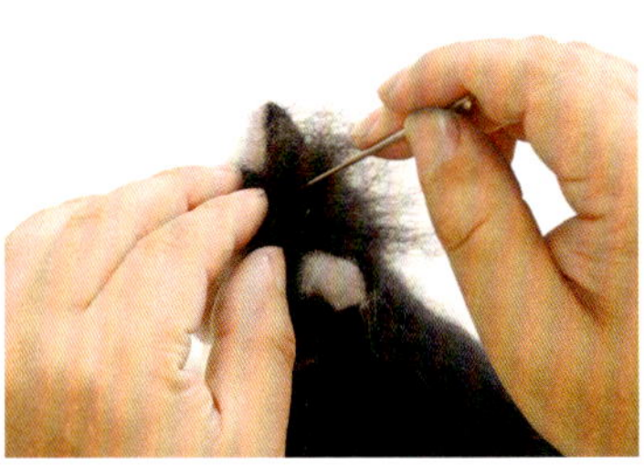

5 顔や頭部に貼る時には、少量ずつにしましょう。

猫の毛いろいろ

黒い毛、茶色い毛と一口にいっても、実際は様々な色合いがあります。とくに黒毛には白毛が混じってグレーに見えることもあります。それもまた愛猫の味といえるでしょう。

黒

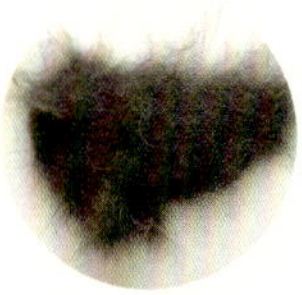

薄茶

茶

白

2　三毛猫

三毛猫人形に、
茶色い毛をプラス!

1　使う分の猫毛を適量、取りましょう。

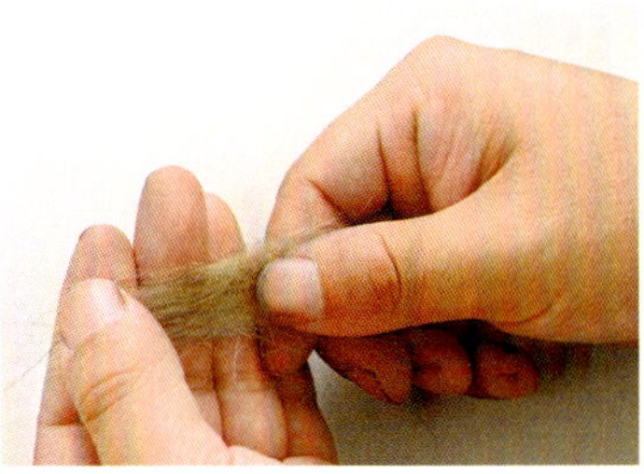

2　猫毛をわた状にしていきます。

3　貼りたい場所に猫毛をあてましょう。

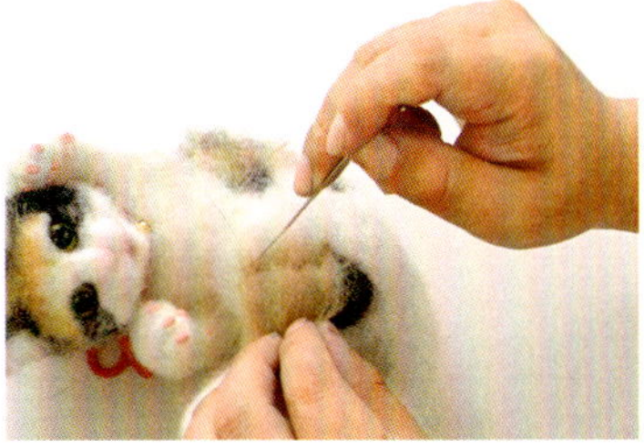

4　猫毛をニードルで刺し留めていきます。ぶちから猫毛がはみ出るようだったらハサミで切り、表面を整えましょう。

足の茶色いぶちに猫毛を貼っています。

法雪先生に聞く!

猫毛についての Q&A

Q　猫毛は洗ったほうがいいのでしょうか?

A　個人で楽しむのであれば、洗わなくてもかまいません。愛猫のにおいが残っているほうがうれしい飼い主さんもいるでしょう。けれど、猫アレルギーの人もいることを忘れないでください。外部に作品を展示する際は、クリアケースに入れるなどの細心の注意が必要になります。

Q　1体の人形で複数の猫の毛を使っても大丈夫ですか?

A　混ぜて使っても問題ありません。多頭飼いの場合、いろんな猫の毛を混ぜて作るのもおもしろいでしょう。本物の猫に人形のにおいを嗅がせたら、不思議な顔をすると思いますよ。

Q　短毛猫の毛で長毛猫を作れますか?

A　羊毛を混ぜれば長くすることもできますが、無理があります。やめておいたほうが無難でしょう。

Q　カットした毛を使うことはできますか?

A　長毛の猫ならカットした毛でも大丈夫ですが、短毛猫ではカットした毛は短すぎて使えません。なるべくブラッシングで自然にとれた毛を使いましょう。

Column 1

なぜ猫人形を作り続けるのか ——

私が猫人形というものを漠然と考え始めたのは、まだ10代の頃でした。

ある時、地元のデパートで輸入物のリアルな犬の人形を見つけました。その精巧な作りに驚き感動に包まれたことを覚えています。

その後、リアルな犬人形があるならば、リアルな猫人形もあるだろうと探し回ったのですが、なかなか見つかりませんでした。困った私は、猫好き、ぬいぐるみ好きな知人たちに「リアルな猫人形がどこかに売っていないか？」と尋ねたりもしましたが、「猫を人形にするのは不可能！」と笑われる始末でした。でも、この「不可能」という言葉が私の中に違和感として強く残りました。

やがて、いろいろなご縁から、様々な素材で動物を作る機会に恵まれることになり、その度に猫作りにチャレンジするようになりました。その頃はリアルな猫人形を作っている人など一人もいなかったので、すべてが手探りの中、何度も挫折しながらチャレンジし続けました。弱気になり「リアルな猫人形は本当に作れないかもしれない」と思ったこともあります。それでも、「ライフワークとして人生という時間を一緒に費やしながら、こつこつと猫人形作りのレベルを上げていきたい」と思うようになり、仕事から帰ると即、猫制作を開始する日々を送るようになりました。

その結果、リアルとまではいかないまでも、ある程度、猫っぽい物が作れるようになった頃に自作のホームページなどで作品を発表するようになりました。

その後、仕事をしながら猫作りをしている私の“唯一の癒しであり、憧れ”でもあった近所の野良猫が車に轢かれて死んでいる姿を目撃して以来、もっともっと命の光を作品に込めなければいけないと思うようになりました。

今思うと、あの子（野良猫）が命を賭して私に「命の光」という気づきを教えてくれたのだと思います。現在の私があるのもみな、あの子のおかげだと思い、時折、空を見上げて深い感謝の念を思いめぐらすことがあります。

第2章

基本の猫を作ろう

各パーツを作れるようになったら、次は基本の猫作りです。パーツを組み合わせて、猫の顔、香箱座りをしている猫、お座りしている猫、立っている猫を作ってみましょう。この猫が、のちのリアル猫人形作りのベースとなります。

基本の猫 1

顔を作る

かわいく
作ってね!

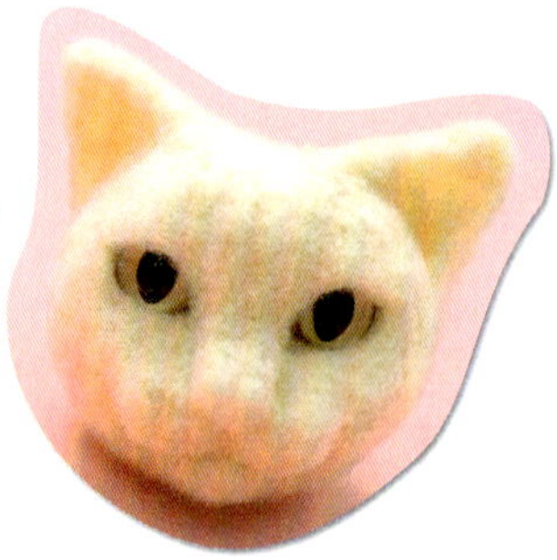

すべての猫の顔の基本となる作り方です。
これをマスターしておけば、表情のアレンジも可能ですよ!

輪郭を作る

ボールに
長方形をくっつけて、
猫の大まかな輪郭を
作ります。

1 ニードルわたわたを丸めて、直径4.5〜5cmのボールを作ります。
※ボールの作り方→P26

2 ボールを手で軽くつぶして、平たくします。平たくした面を伸ばして、平らにならしましょう。写真の形を目指してください。

3 鼻と上あご、下あごになる部分を作ります。写真を参考に、ニードルわたわたを適量取ります。

4 ニードルわたわたを、手巻き寿司のように丸めていきます。

5 左右の端を折り込んで3つ折りにします。写真を参考に、長方形の形にしましょう。

合わせる
位置に注意

6 5で作った長方形の上辺を、顔の真ん中のラインに合わせて置きます。

7 ニードルで長方形をボールに刺し留めていきます。まずは上辺から刺していきます。

8 ボールを回転させながら、周囲全体を刺し留めていきましょう。四辺を中に埋め込むように刺していきます。

9 刺し続けていくと、次第に長方形が小さくなっていきます。全体をしっかり刺し留めていきましょう。

これが理想的に留まった形です。

目・鼻・口を作る

長方形を十字に掘り出せば、あっという間に鼻と口のできあがり！

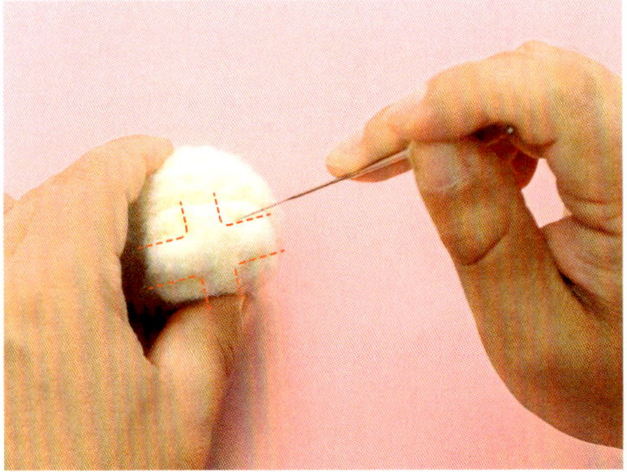

1・2 今から鼻と上あご、下あごを作るために、ニードルわたわたを掘り出していきます。まずは写真のように、ニードルを軽く刺して4分割のラインを作りましょう。

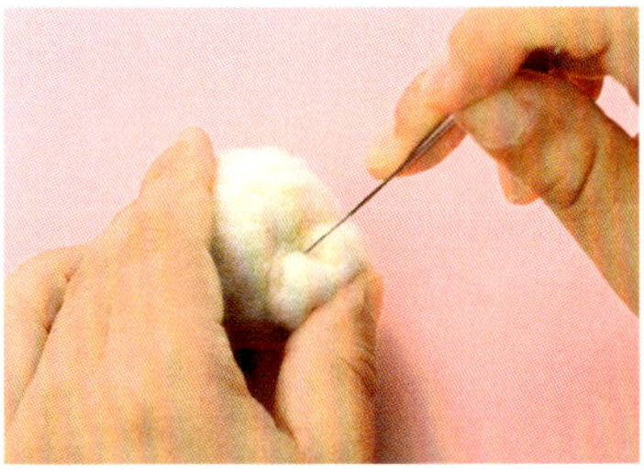

3 先ほど入れたラインに沿って、角を重点的に刺して、へこませていきます。

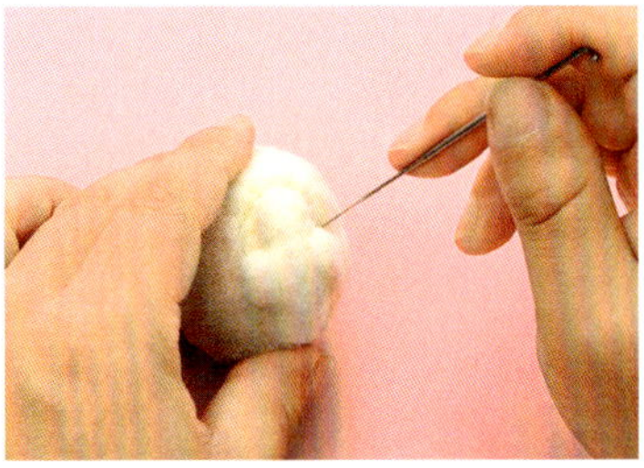

4 ボールを回転させながら四隅を同じように掘っていきます。十字を彫り出すようなイメージで。鼻は長めに、左右は大きめ、下あごは少し小さめがベスト。

この形を目指しましょう

完全に彫り出した状態。

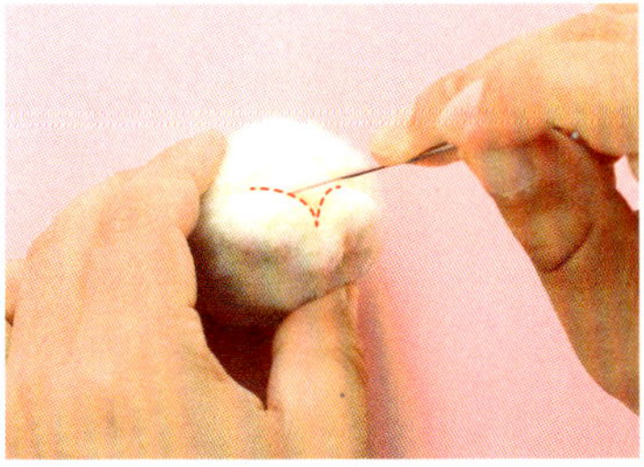

5 鼻と上あごの真ん中に、Yの字を描きます。まずはニードルを軽く刺して、ラインを描きましょう。

6 ニードルを刺して、Yの字のラインを整えます。

7

上あごと下あごを結ぶように、「へ」の字を描きます。ニードルを軽く刺して、ラインを描きましょう。

顔のベースが完成です。鼻と上あご、下あごのバランスに気をつけましょう。形の参考にしてください。

8 目を入れるための穴を、上あごの上部分に作ります。まずは、12mm程度の円を描くように彫り込んでいきましょう。左右とも同じようにします。

9 円の真ん中を刺して深くしていきます。1cm程度の深さを目指しましょう。

完成形です。眼底を深めに彫っておくのがポイントです。また、鼻のラインが気になる人は、ニードルわたわたをかぶせてつなぎ目をなじませるといいでしょう。

目を入れる

ここでは
市販の猫の目を使います。
木工用ボンドで
簡単装着!

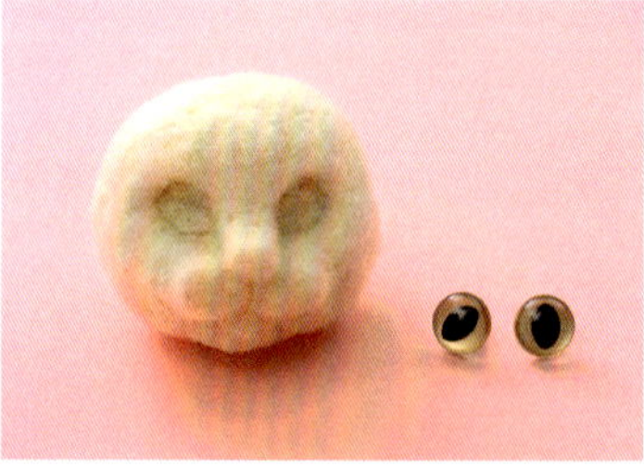

1 先ほど開けた穴に目を入れていきます。ここでは12mmの「キャッツアイ」を使います。

2 「キャッツアイ」の裏側についている芯は使わないため、ニッパーで切り落とします。

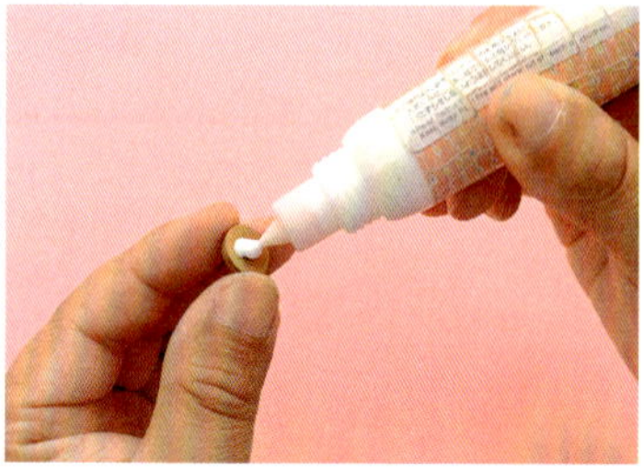

3 切り落とした裏に木工用ボンドを塗ります。目からはみ出さないように注意しましょう。

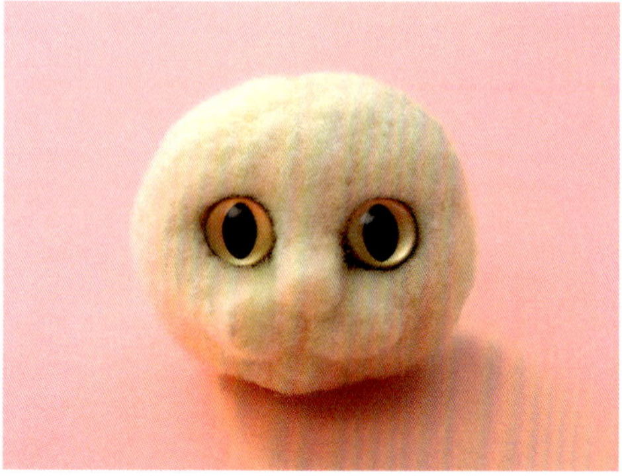

4

先細ペンチで目をはめます。瞳孔が斜めにならないように注意しましょう。

耳をつける

スタンダードな
猫耳のつけ方をご紹介。
位置に注意しましょう。

1 ニードルわたわたで、4×3.5cmの薄い四角形を作ります。はさみで斜めに切って、三角形を2つ作ります。
※耳の作り方→P29

2 耳を頭につけます。頭を三等分して、その3分の1のラインに右端を持ってきます。右端は目の上ラインから、目玉1個分上に。左端は目尻のラインから、目玉2個分横に。

3 付け根の部分から刺し留めていきます。

4 耳の裏側も同じように刺し留めていきます。

5 反対側の耳も、同じように刺し留めていきます。

耳がついた状態。子猫のあどけなさがよく出ています。

6 ニードルわたわたを耳のつなぎ目に足します。

7 足したニードルわたわたを刺し留め、なじませていきます。

8 耳の内側も刺し留めて、形を整えます。

完成！

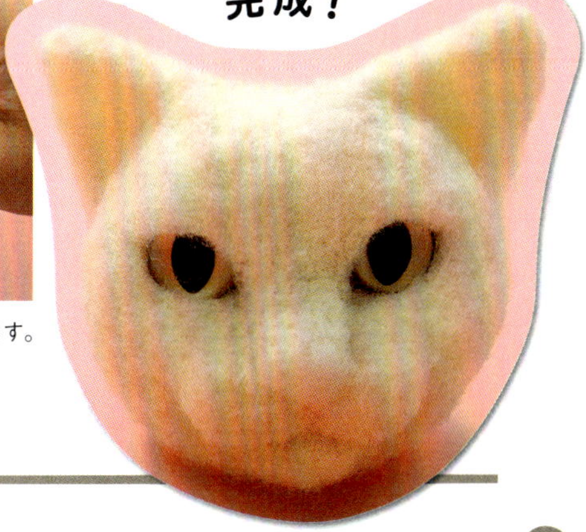

よく見かける
ポーズでしょ

基本の猫 2

香箱座りを作る

4本の足をきゅっと丸めたフセ、
通称「香箱座り」は猫の王道ポーズ。
とても簡単な作り方をご紹介。

用意するパーツ

- ●顔（→ P38）
- ●胴体（→ P27）
  長さ 14cm、前の幅 5cm、
  後ろの幅 6cm
- ●太もも×2枚（→ P30）
  直径 5cm

胴体を
固めに作るのが
ポイント!

足を彫り出す

香箱座りの足は、
胴体から彫り出して
作ります。
ラインに注意!

1 ニードルわたわたで胴体を作ります。固めに作っておきましょう。

2 ニードルを軽く刺して、下から3分の1の高さに前足のラインを描きます。体の正面から左側面にかけて描いていきましょう。

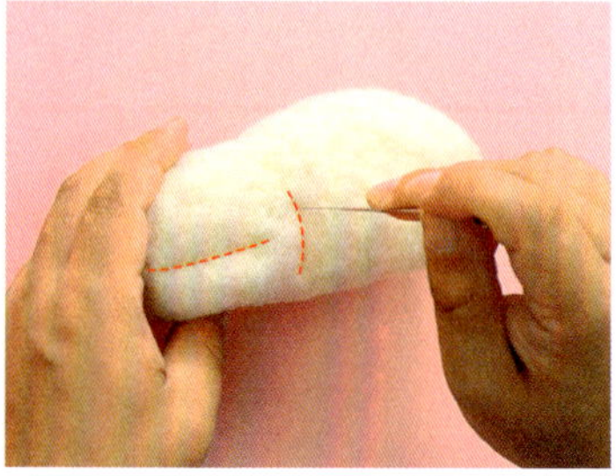

3 肘のラインを縦に描きます。背中のふくらみはじめのラインに合わせるとよいでしょう。

4 体の正面、両前足の交わる部分にラインを入れます。

5 2とは反対側（写真の場合は右側面）に、同じようにニードルを刺して前足のラインを描いていきます。高さは同じく、下から3分の1に。

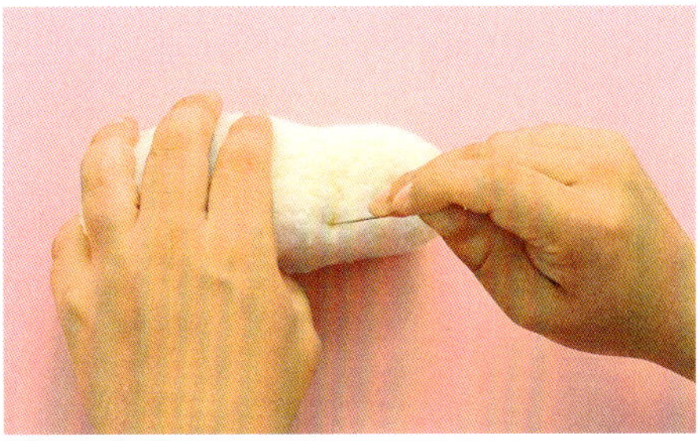

6 3と同じように、肘のラインを入れます。背中のくぼみのラインに合わせましょう。

7 正面のラインの真ん中から、下に向けてラインを描きます。

8 7のラインをそのまま、下面に持っていきます。

9 写真のように、猫の前足が曲がっている様子を描きます。

10 7〜9で入れたラインに合わせて、前足を彫り出していきます。前足のラインの外側（体部分）を刺していくと、体の部分が固まって前足が浮き出ます。

11 左右の側面も彫り出して、前足の立体感を出します。

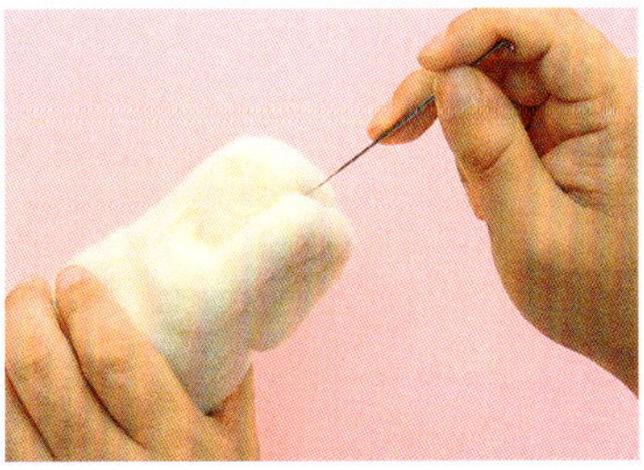

12 正面も彫り出していきます。猫らしい丸みをつけていきましょう。

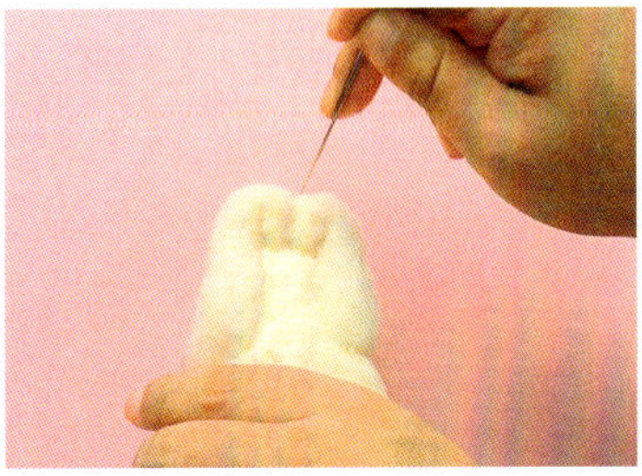

13 写真くらいに彫り出せればOKです。

14 写真のように、後ろ足を胴体から彫り出します。

横

正面

猫がうずくまっている様子がわかります。

前足、後ろ足を彫り終えたところ。側面はこんな感じです。

太ももを作る

意外とボリュームある
猫の太ももは
別パーツをつけて表現！

1 太もも用のパフを2枚用意します。
※太ももの作り方→P30

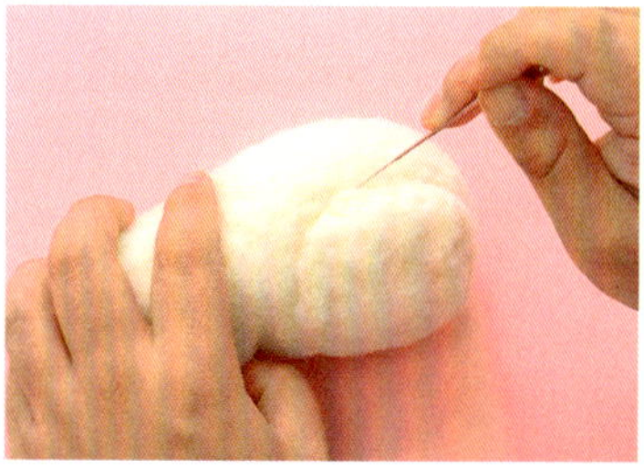

2 太ももを胴体に刺し留めていきます。胴体のお尻部分と太ももが合わさるように留めましょう。まずは周辺を刺し、次に全体を刺して留めます。

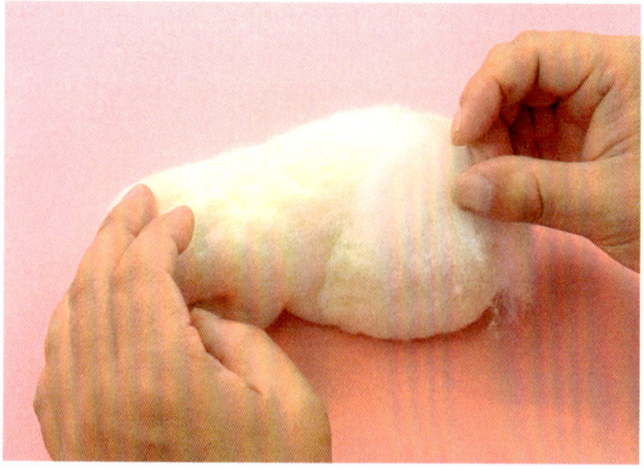

3 なじませるためのニードルわたわたを適量取り、太もものつなぎ目にかぶせます。

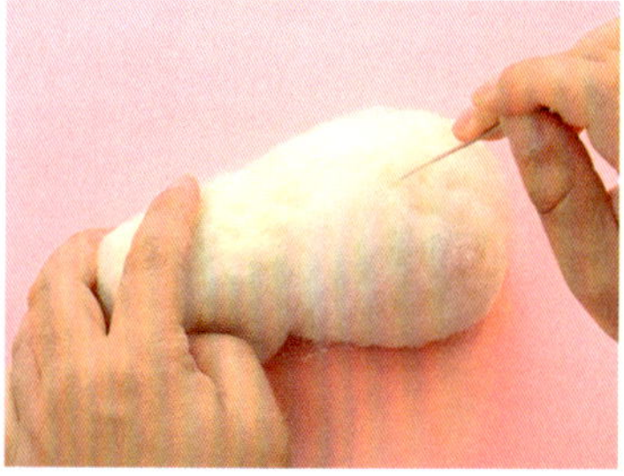

4 足したニードルわたわたを刺して、なじませていきます。

顔をつける

頭を置く場所が大切。
バランスをみて
配置しましょう。

1 顔をつけます。目線が正面を向くように、顔を置きましょう。

2 後ろから見た形。顔の重心と体の重心がそろうように置きましょう。位置が後ろ過ぎても、前過ぎてもバランスが悪くなります。顔と体のつなぎ目を刺して、留めます。

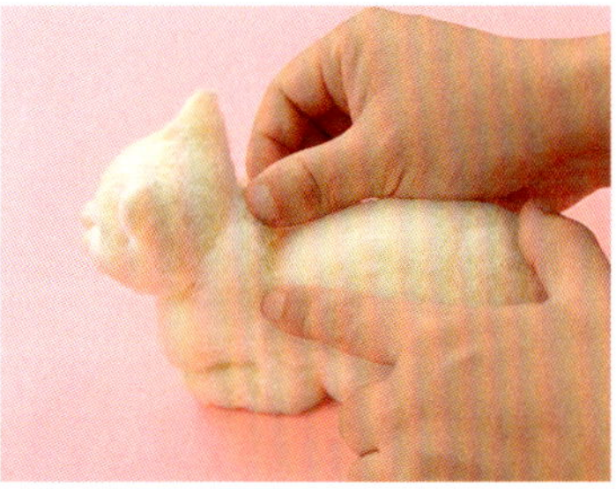

3 首を刺し留めたら、後ろ側にニードルわたわたを足してなじませます。

4 首の前側にもニードルわたわたを足しましょう。

5 足したニードルわたわたを刺し固め、形を整えていきます。

凛とした
雰囲気を出してね

基本の猫 3

お座りする猫を作る

基本の正面お座りポーズです。
ここからお手入れする猫や招き猫が作れますよ。

用意するパーツ

●顔（→ P38）
●胴体（→ P27）長さ 14cm、
前の幅 5cm、後ろの幅 6cm
●前足× 2 本（→ P28）
長さ 10cm、直径 2cm
●後ろ足× 2 本（→ P28）長さ 4cm、幅 2cm
●太もも× 2 枚（→ P30）直径 5cm

顔と胴体の
バランスに
気をつけて！

胴体を曲げる

基本の胴体を
軽く曲げることで、
猫背の曲線を
表現します。

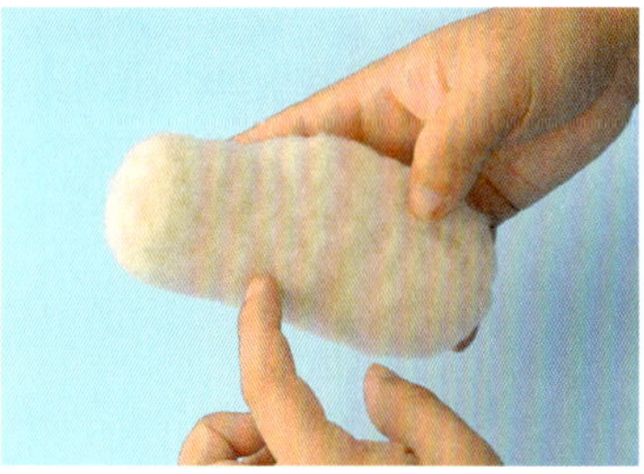

1 胴体の前から3分の1くらいの位置で、胴体を曲げます。背中のくびれに合わせるとぴったりです。

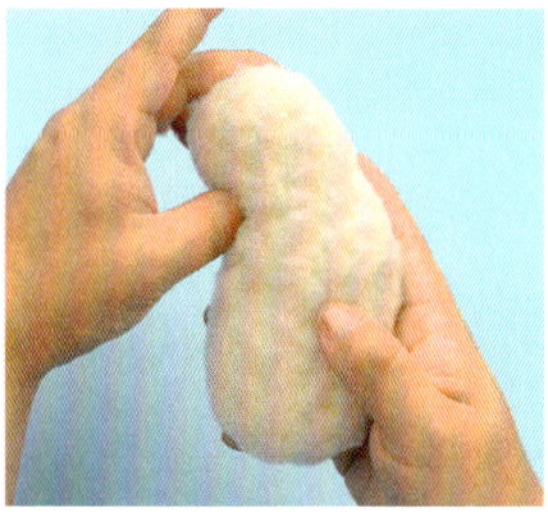

2 親指で胴体を軽く曲げていきます。通常のお座りを作るので、極端に曲げないようにしましょう。写真を参考にしてください。

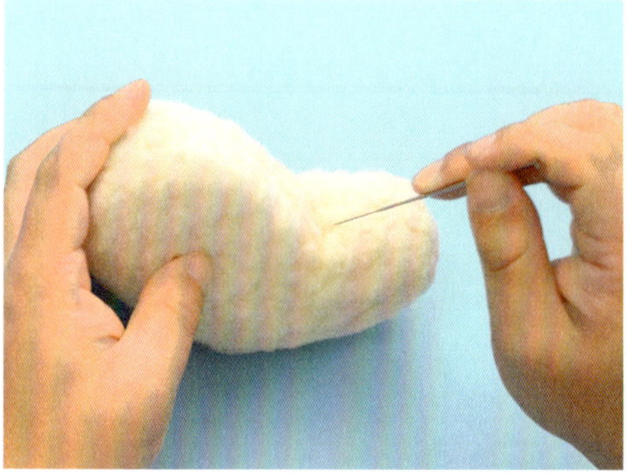

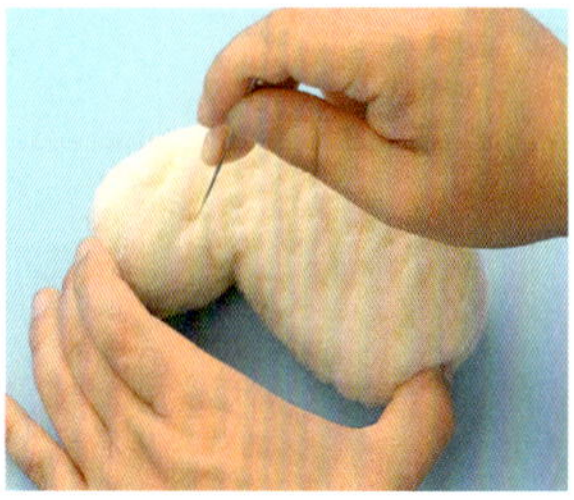

3 曲げた胴体を刺し留めます。まず内側を刺し留めましょう。次に全体を刺し留めて、形を固定します。

刺し留まった形。猫の丸まった背中を表現しています。

前足をつける

**胴体にぴったりくっついた
前足がポイントです。
長さのバランスに注意。**

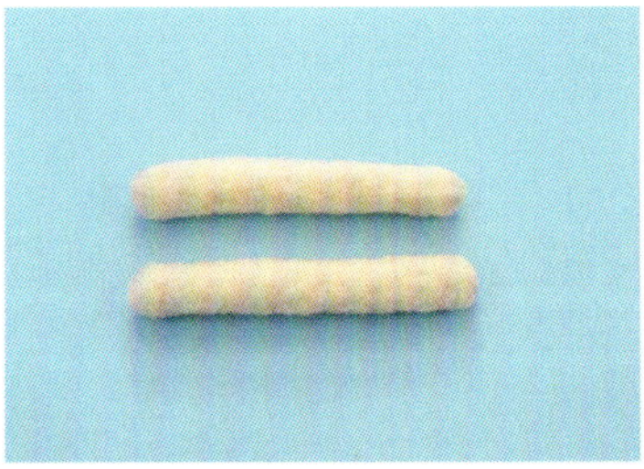

1 前足を2本用意します。
※前足の作り方→P28

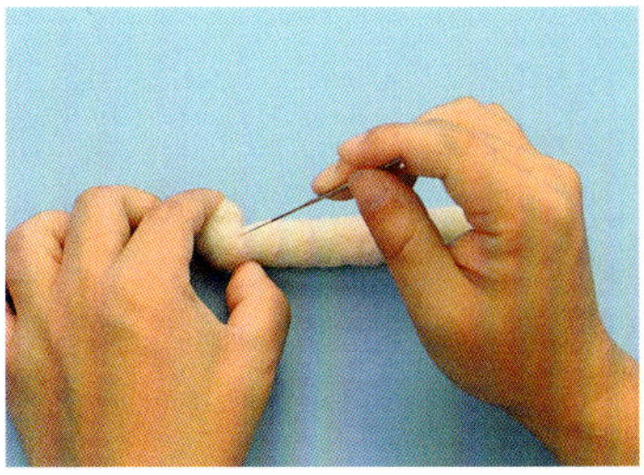

2 先端から1cmほどを直角に曲げて、刺し留めます。まず曲げた内側を刺し留めてから、全体を固定しましょう。

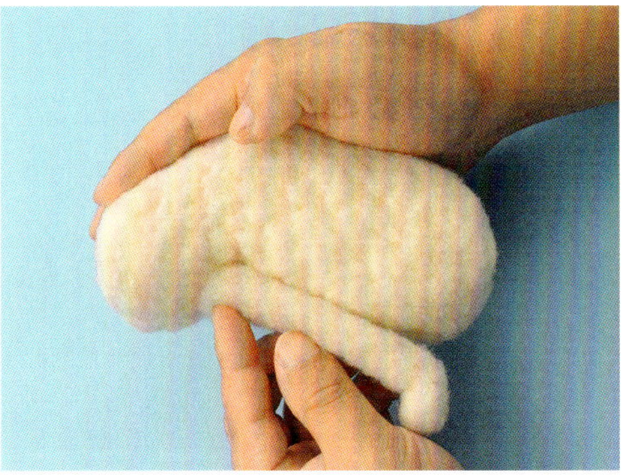

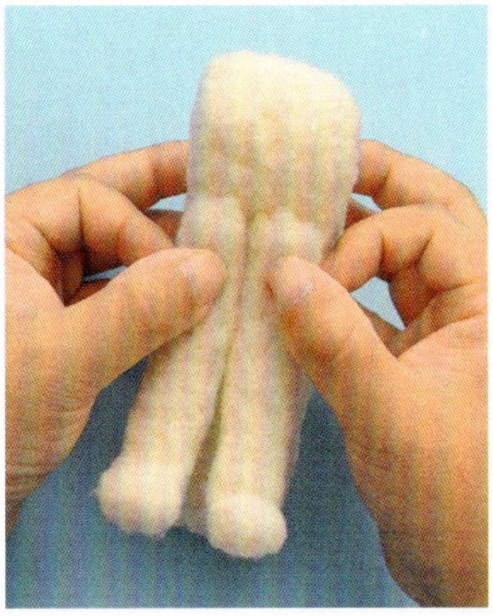

3 前足と胴体を接合します。折り曲げた胴体の内側の天井部分と、前足の根本部分がくっつくようにします。写真を参考にしてください。

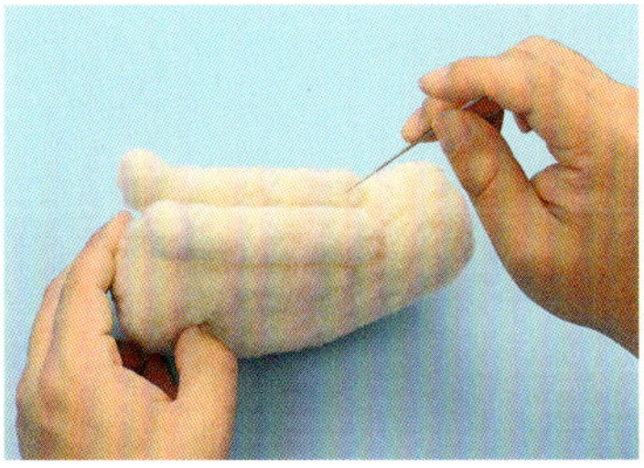

4 前足を刺し留めます。まずは上部の接合部分から刺していきましょう。

5 前足と胴体の接する部分を刺し留めます。前足から胴体に貫通するように刺していきましょう。

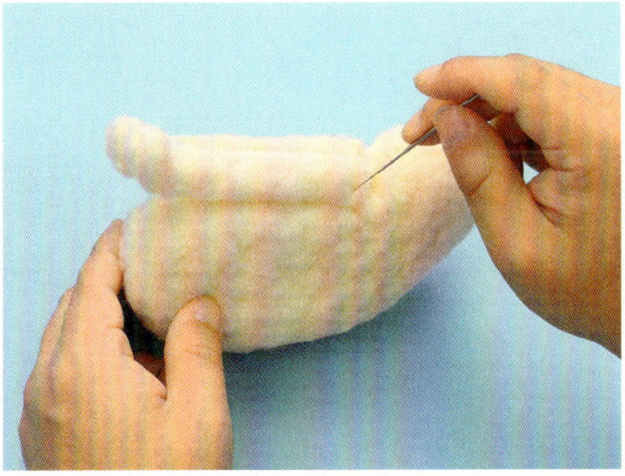

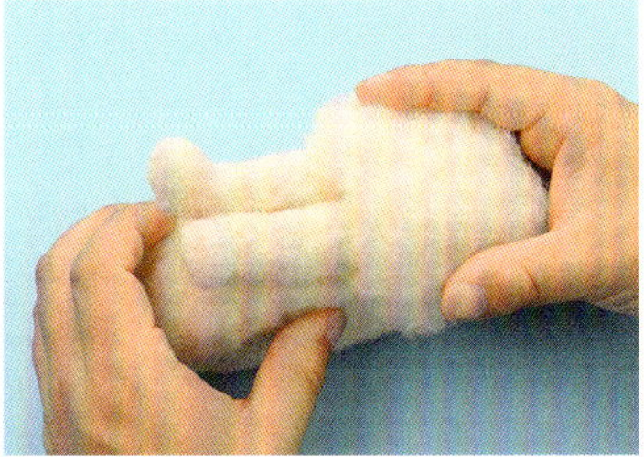

6 前足の根本部分に、適量のニードルわたわたをかぶせます。

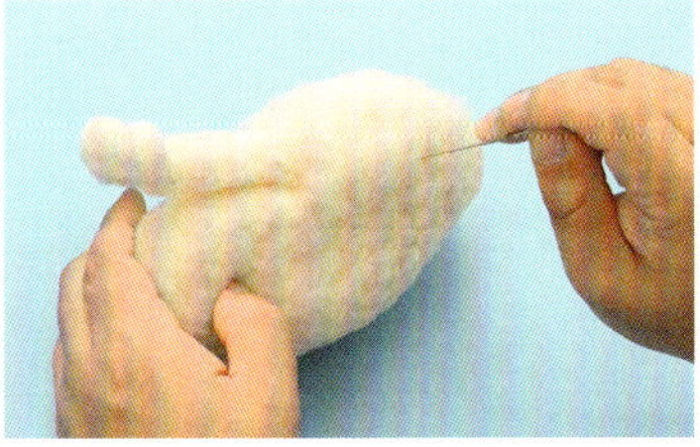

7 先ほど足したニードルわたわたを刺して、つなぎ目を消していきましょう。まずは周辺を刺してから、全体を刺していきます。刺し続けると、ニードルわたわたが周囲になじんでいきます。

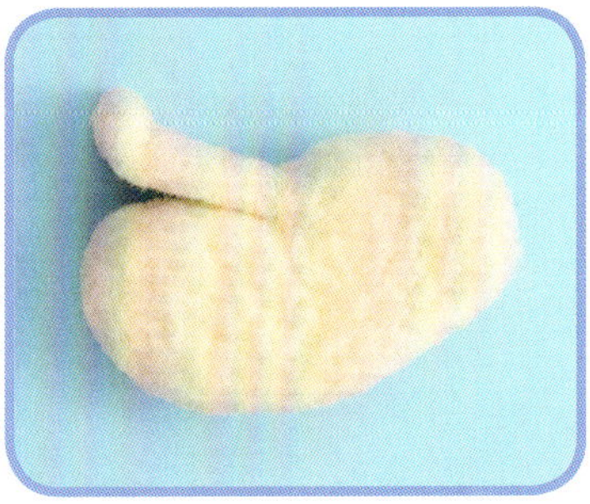

足したニードルわたわたが完全になじんだ状態です。

後ろ足をつける

後ろ足は、
胴体の下に
貼りつけるような形で
つけていきます。

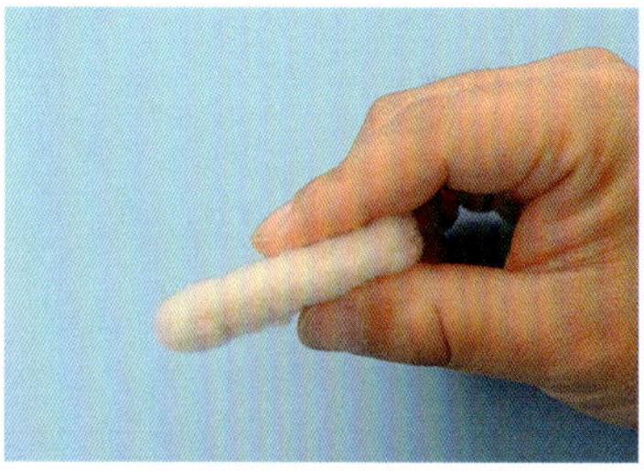

1 後ろ足を用意します。小判のような、平たい楕円形が理想です。
※後ろ足の作り方→P28

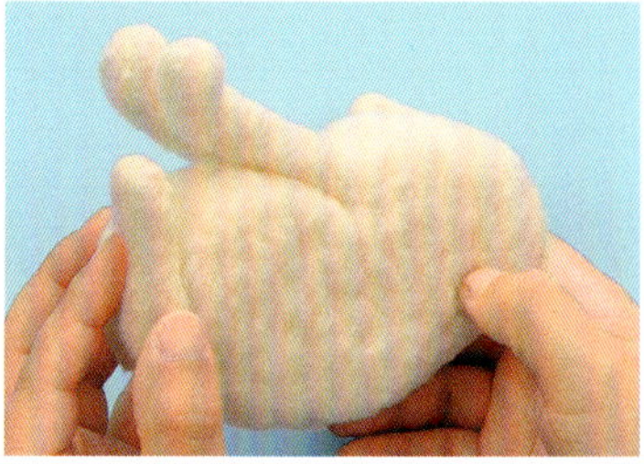

2 胴体の底部に、後ろ足をくっつけます。

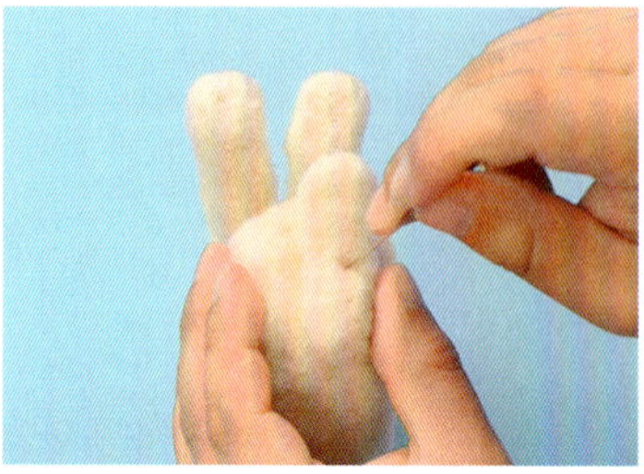

3 片足ずつ刺し留めていきます。まずは足から胴体に貫通するように刺します。

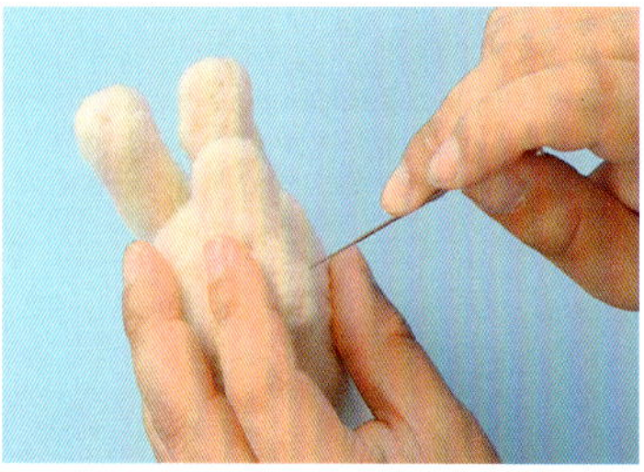

4 次に、胴体との接合部を刺し留めます。もう片方の足も同様にします。

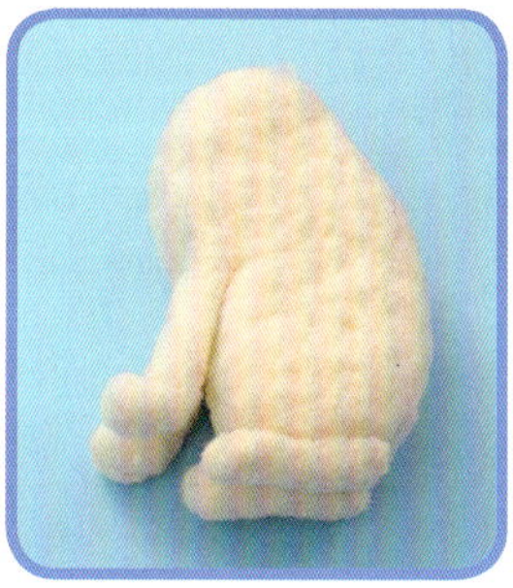

4本の足がくっついた状態です。

太ももをつける

胴体に太もものパーツを
つけることで、
丸みのある形が表現できます。

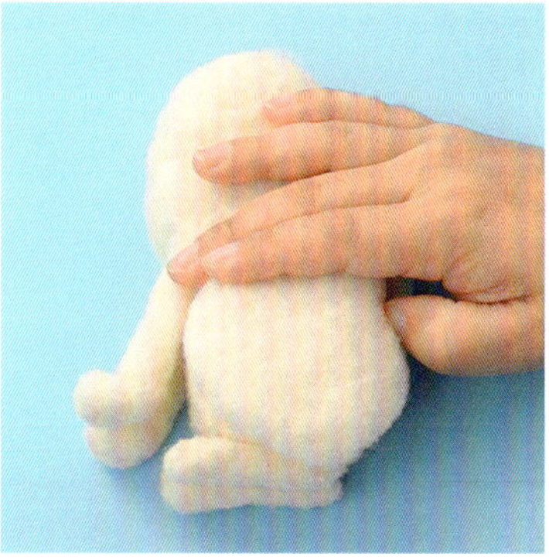

1 太ももをくっつけます。後ろ足にかぶせるように乗せるのがポイントです。

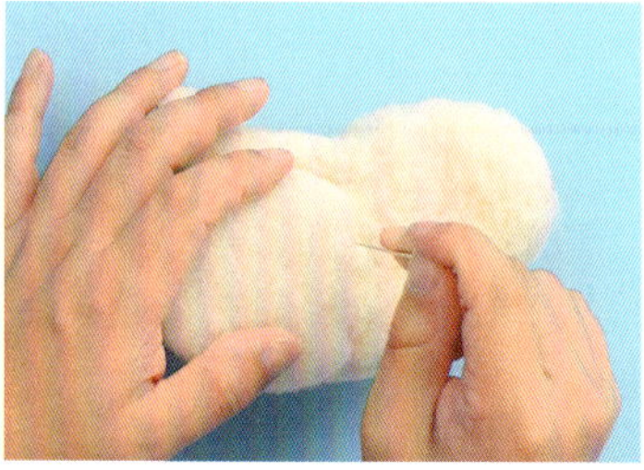

2 1で乗せた太ももを刺し留めていきます。

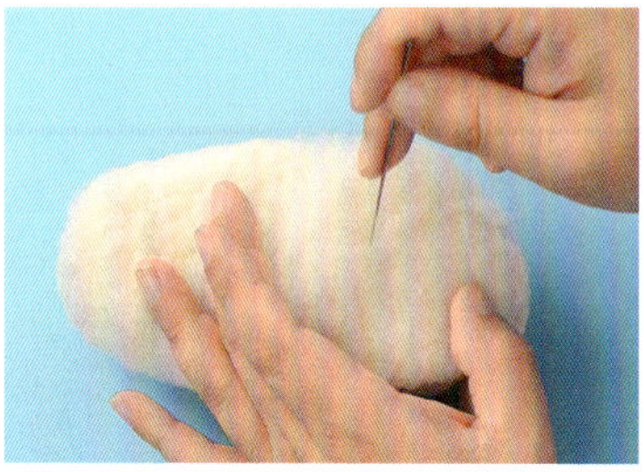

3 適量のニードルわたわたを足して、太もものつなぎ目をなじませていきます。左右とも同様にしましょう。

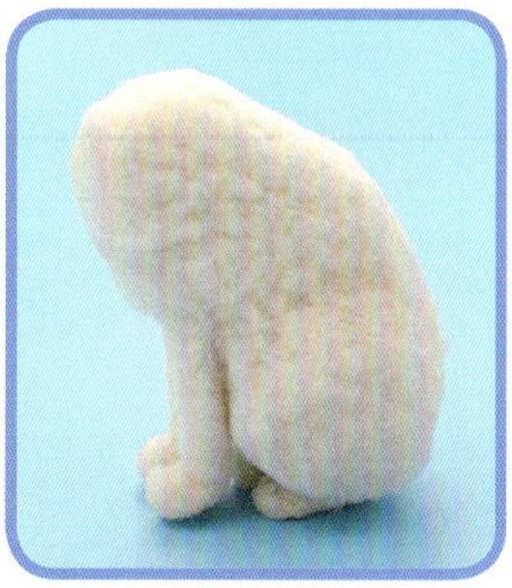

猫らしい、丸みのある太ももになりました。

顔をつける

胴体とのバランスが
最重要。
肩に重心が乗っている形を
目指しましょう。

1 顔を乗せる位置を決めます。今回は目線が正面を向くようにしましょう。顔が肩に乗っているように、重心をそろえます。

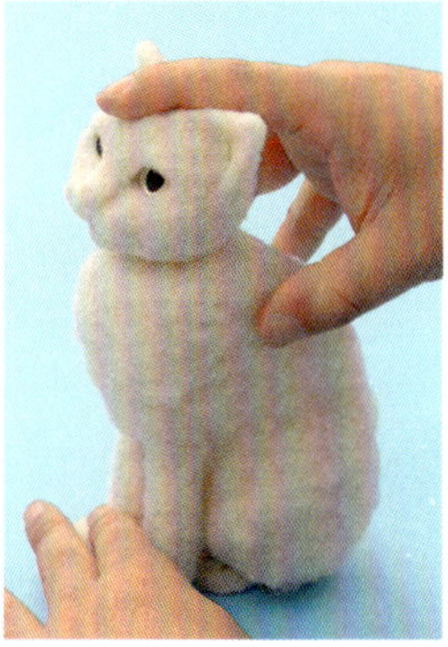

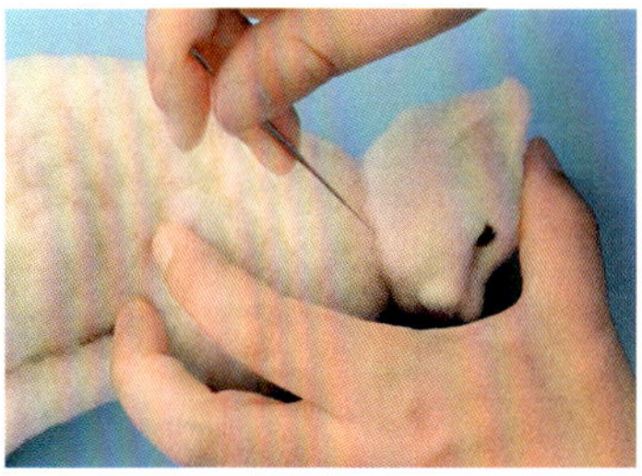

2 顔を体に刺し留めていきます。つなぎ目を中心に刺していくと、上手く留まります。

3 首周り全体を刺し留めていきます。

4 首周りに、適量のニードルわたわたを足していきます。

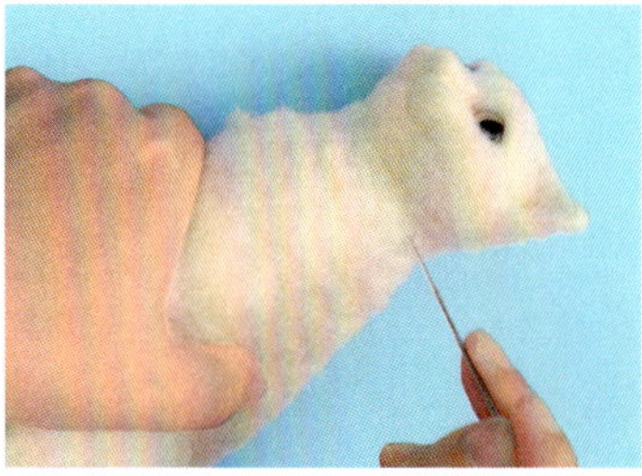

5 足したニードルわたわたを刺して、周囲になじませていきます。

シッポをつける

シッポは
「用意するパーツ」に
含まれていません。
好きな形、長さでどうぞ。

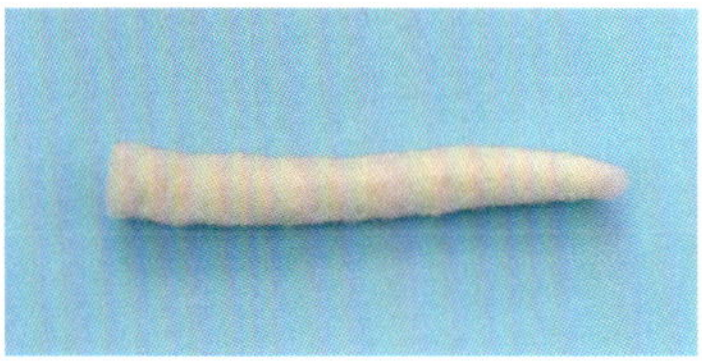

1 シッポをつけましょう。今回は10cmのまっすぐなシッポをつけます。

2 2本の後ろ足の真ん中にシッポがくるようにつけて、接合部分を刺し留めます。

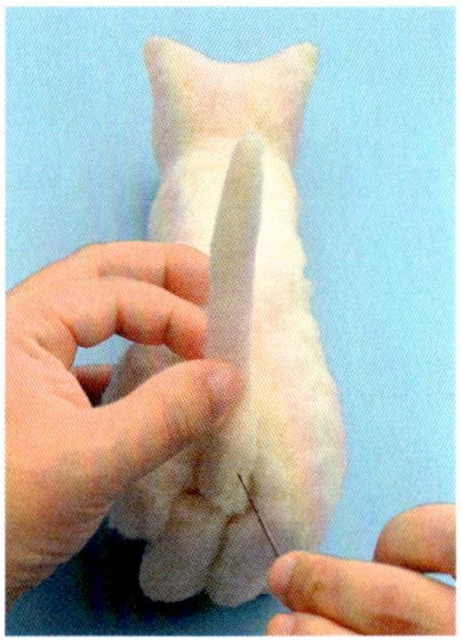

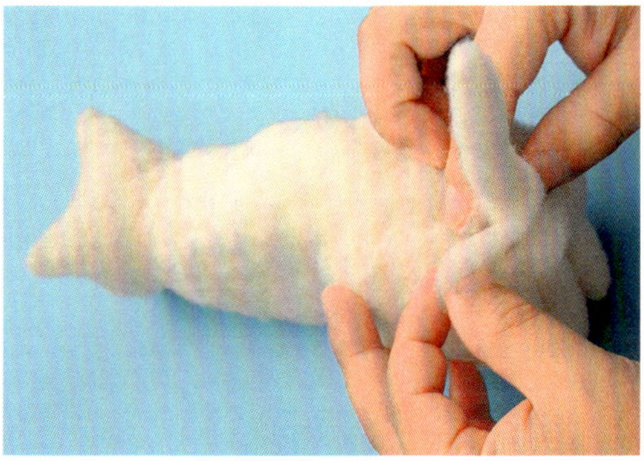

3 根本の裏側から、適量のニードルわたわたを足して、つなぎ目を消します。

完成！

これが
作れれば
一人前?

基本の猫 4

立っている猫を作る

初心者でも楽しく作れる「4本足で立っている猫」をご紹介。
歩いたり走ったりする猫の基本形です！

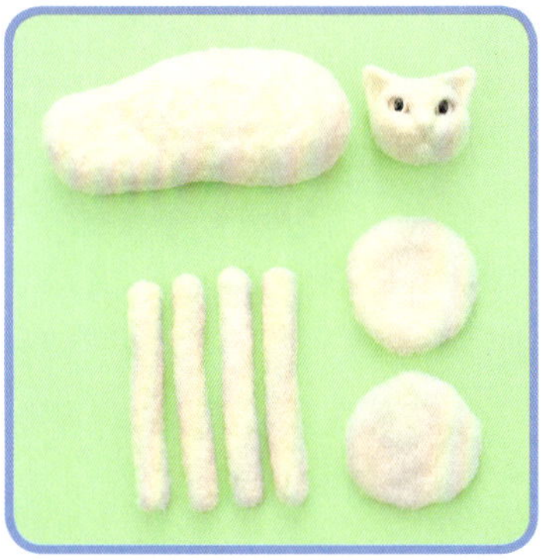

用意するパーツ

●顔（→ P38）
●胴体（→ P27）
長さ 14cm、前の幅 5cm、後ろの幅 6cm
●前足×2本（→ P28）
長さ 10cm、直径 2cm
●後ろ足×2本（→ P28）
長さ 10cm、直径 2cm
●太もも×2枚（→ P30）直径 5cm

足のパーツを
固めに
作っておくべし!

後ろ足を作る

かかとの曲げ方が
ポイント。
太ももはあとで接合して
ボリュームを出します。

1 後ろ足のパーツを用意し、先端1cmを直角に曲げます。後ろ足のパーツは固めにしっかり作っておきましょう。

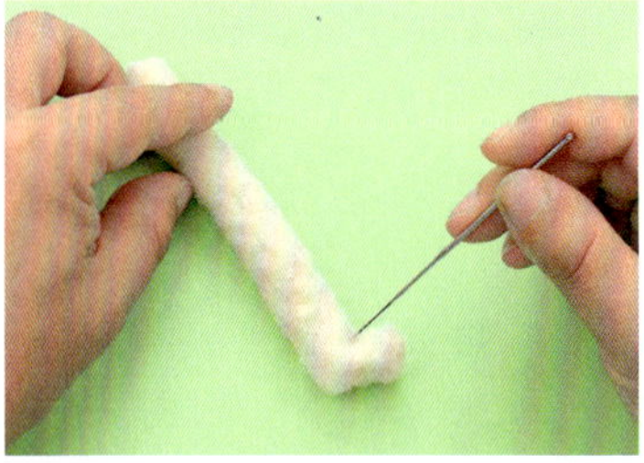

2 1で曲げた箇所を刺し留めましょう。最初に角の内側を刺し留め、次に全体を刺していきます。

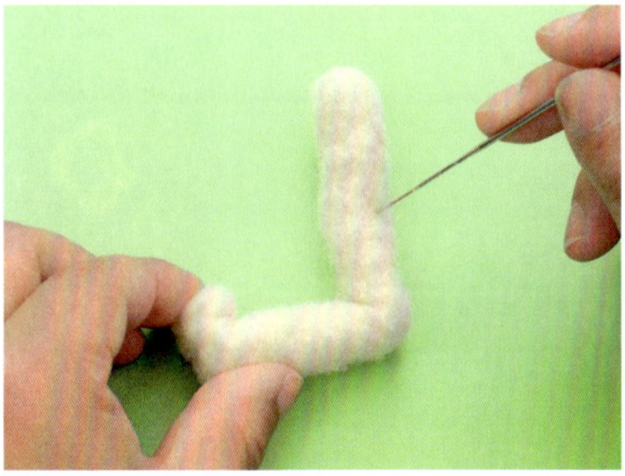

3 後ろ足のかかとになる部分を作ります。曲げた部分から4cmの位置で直角に曲げ、刺し留めましょう。

4 太ももを接合します。かかと（直角に曲げた部分）から2cm上に太ももを置きます。これが左足。後ろ足の向きを逆にすると、右足ができます。

5 4で置いた太ももを刺し留めます。太ももと後ろ足を貫通させるように刺していきます。

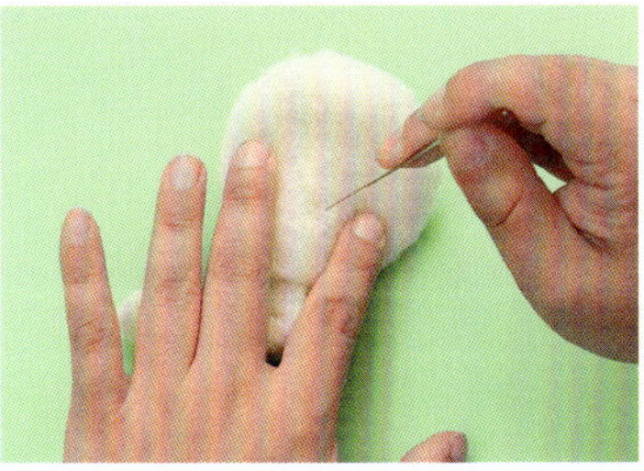

6 写真のように人差し指、中指で押さえて刺していくと楽ちんです。後ろ足と太ももがしっかり刺し留まるようにしましょう。

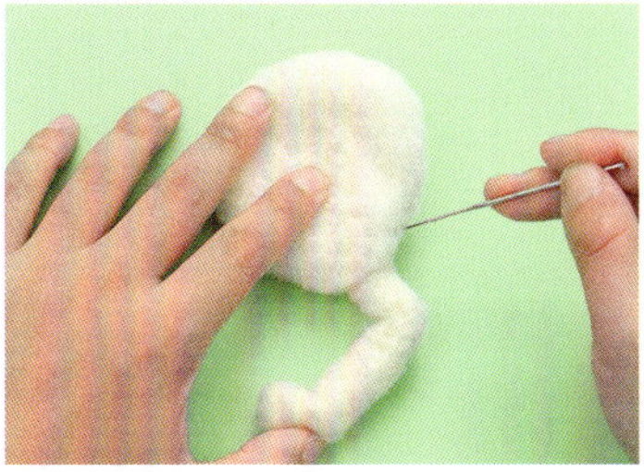

7 太ももの部分が三角形になるように刺し固めていきます。横からニードルを刺していくと三角形が作りやすいです。

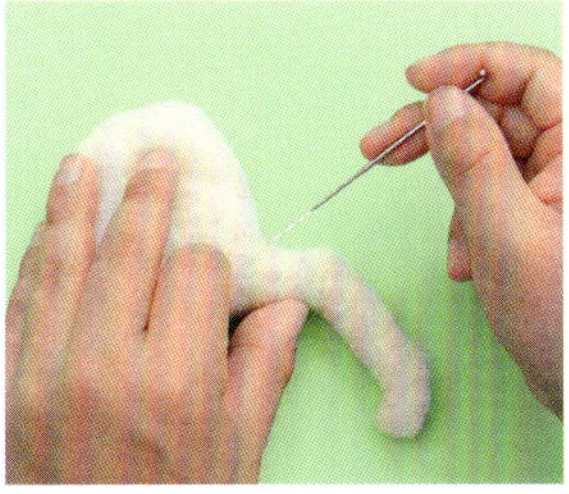

8 太ももと後ろ足の接合部を繰り返し刺して、しっかり留めていきます。反対側の足も同様にして作ります。

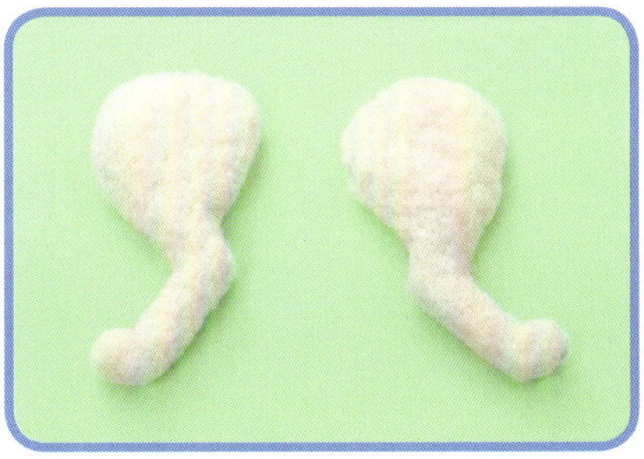

2本の後ろ足完成。同じ向きを作らないように注意。

前足を作る

後ろ足と同様に
関節を作ります。
曲げ方が違うので
注意しましょう。

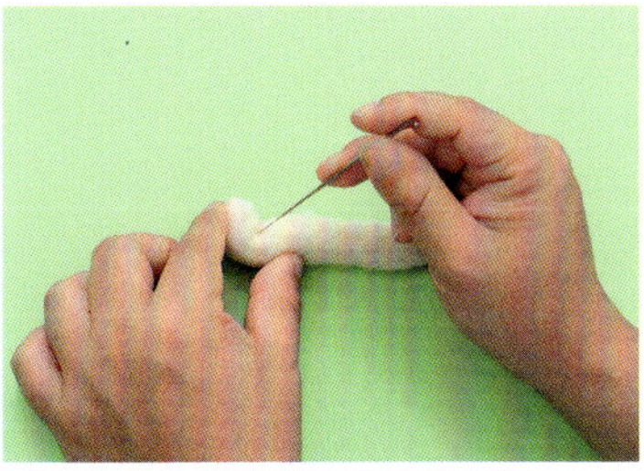

1 前足用のパーツを用意。固めに作っておきましょう。先端から1cmを直角に折り曲げて、刺し留めます。

2 前足の真ん中よりやや上を45°くらいに曲げます。前足の肘になる部分です。角度を決めたら刺し留めていきましょう。

3 適量のニードルわたわたを、胴体側に回すように足して刺し留めていきます。これが左足。前足の向きを逆にすると、右足ができます。

4 後ろ足と同様に、三角形になるように刺し固めていきます。同様にして、反対側の前足も作ります。

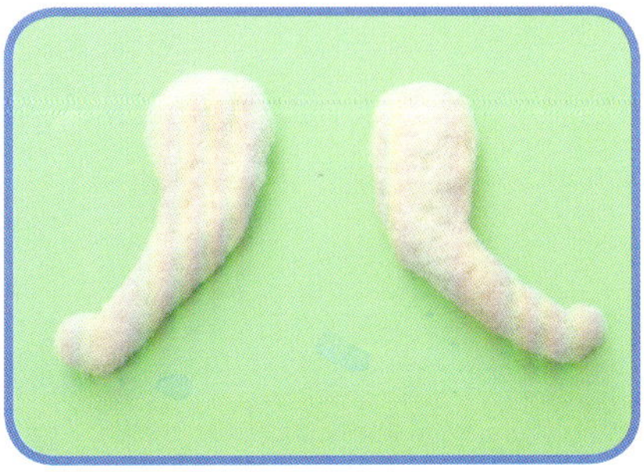

左右の前足が完成。同じ向きを作らないように注意しましょう。

足と胴体をつなげる

**足の位置で
上手く立つかが決まります。
重心のかけ方に
気をつけましょう。**

1
前足と胴体を接合します。写真を参考にして、前足の位置を決めましょう。

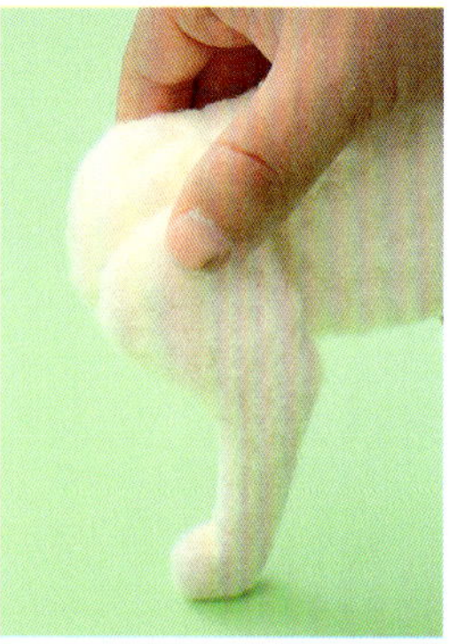

ポイント

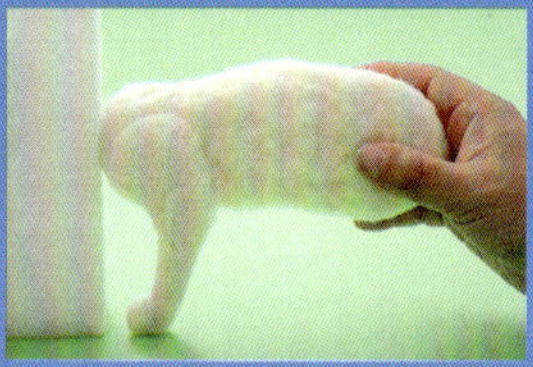

猫の前足の肘は内側に入り込んでいて、つねに腕立て伏せの状態です。胴体よりも前足の先が前に出ないようにしましょう。肘とお腹のラインがそろうときれいです。

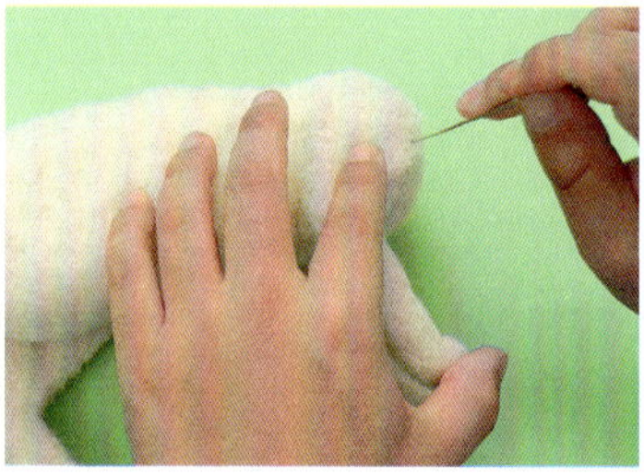

2
位置が決まったら前足を刺し留めます。最初は周辺を刺し留め、次に全体を留めてくようにしていきましょう。

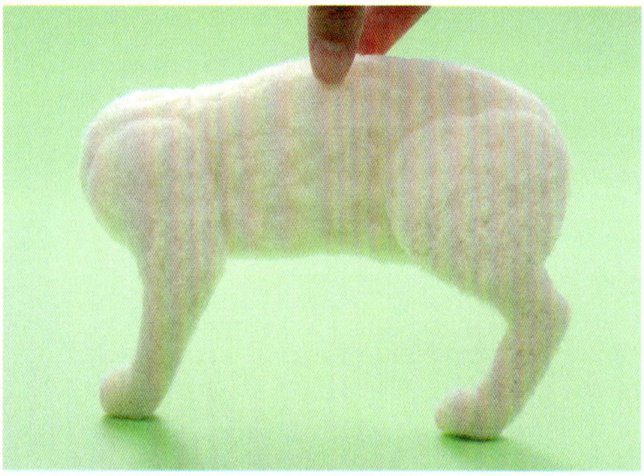

3
後ろ足の位置を決めます。かかとに体重が乗っていることに注意。写真の位置を参考にしてみてください。

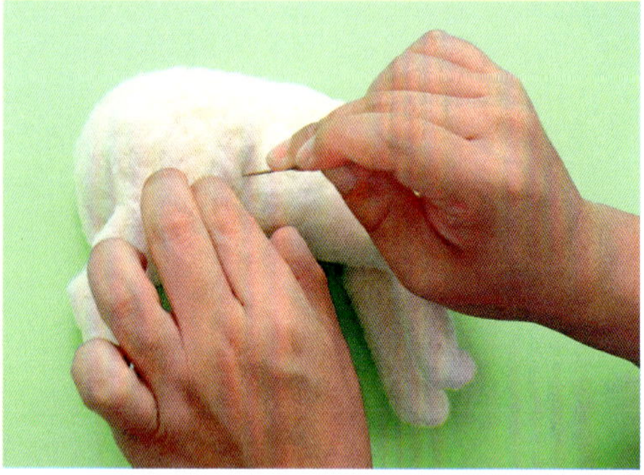

4
位置が決まったら後ろ足を刺し留めます。最初は周辺を刺し留め、次に全体を留めていくようにしましょう。

4本の足が留まった状態。きちんと留まっているなら、この状態で立つはずです。

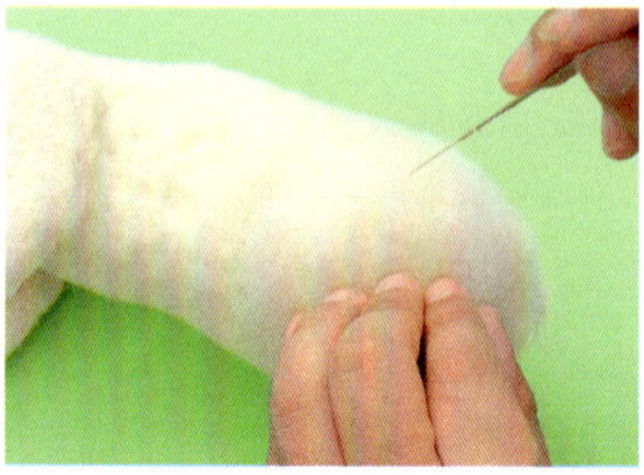

5
後ろ足のつなぎ目に適量のニードルわたわたを足して、刺し固めて周囲となじませていきます。

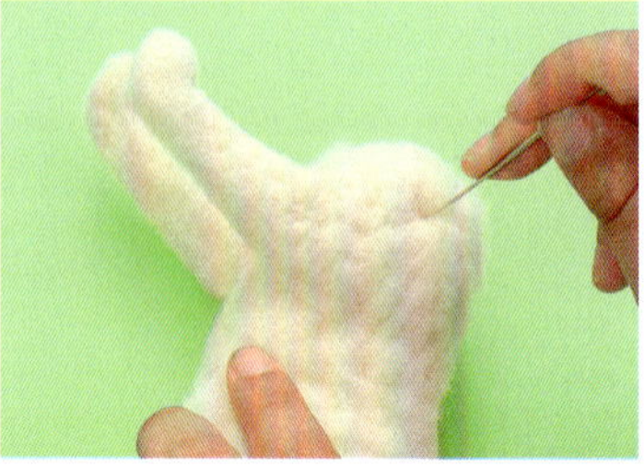

6
同じく前足のつなぎ目も適量のニードルわたわたを足して、刺し固めて周囲となじませます。左右の足とも同じようにします。

4本の足を刺し固めた状態。猫の体ができあがりました。

顔をつける

首をつけ足すことで
猫のしなやかな
ラインが表現されます。

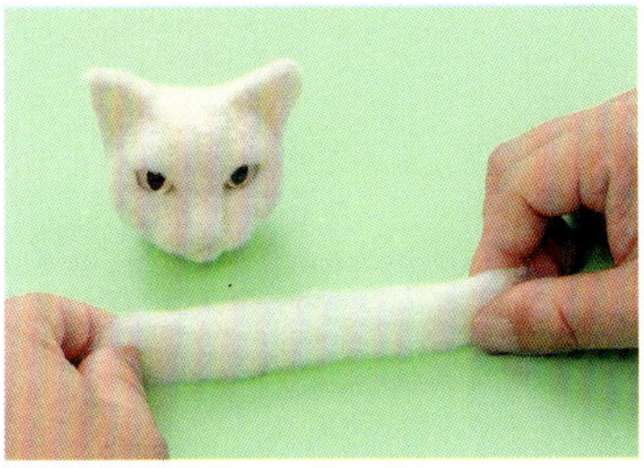

1 首を作るために、顔を一周できる程度のニードルわたわたを取ります。

2 1のニードルわたわたを、ロールケーキのように丸めます。これが首になります。

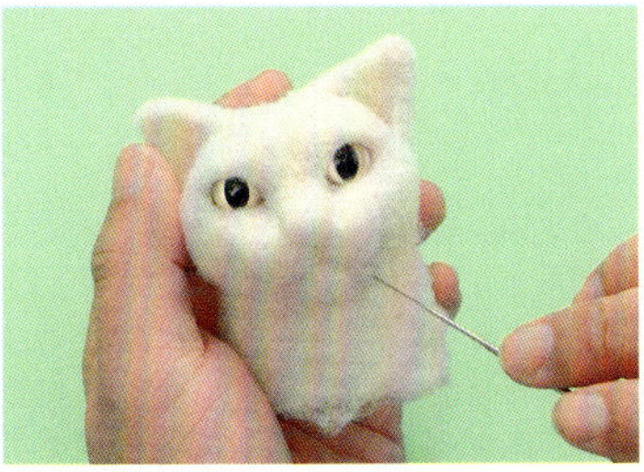

3 首と顔をつなげます。首から顔に貫通するように、ニードルを刺していきます。

4 顔の重心に注意して、置いてみましょう。

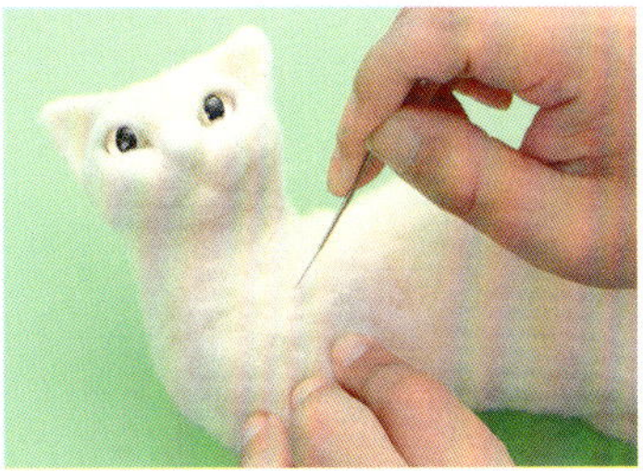

5 胴体と顔+首を接合します。首から胴体に貫通するように刺していきましょう。

シッポをつける

シッポは
「用意するパーツ」に
含まれていません。
好きな長さで作りましょう。

1 今回は長さ10cmのまっすぐなシッポをつけます。背骨のラインに沿ってつけるようにします。

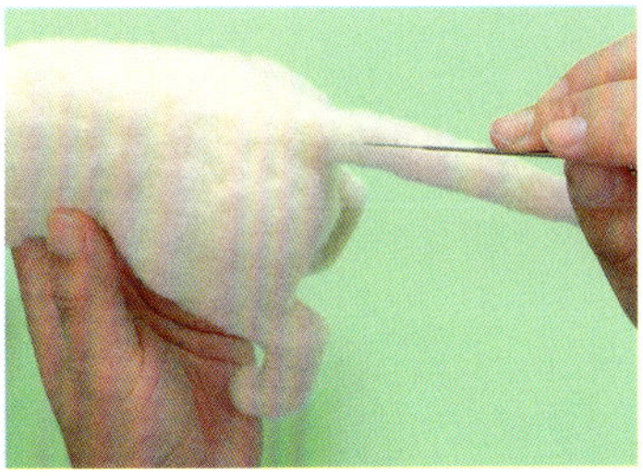

2 シッポと胴体を接合します。シッポから胴体に貫通するように刺し留めていきます。

ポイント

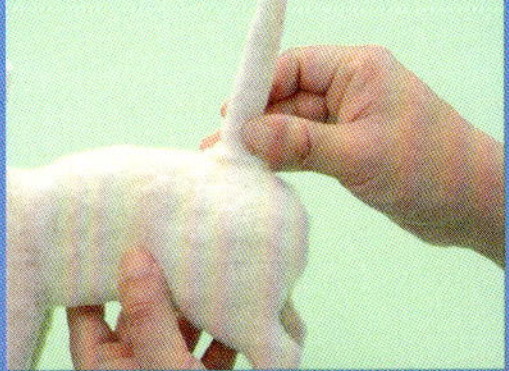

腰の上のシッポはNG
シッポを立たせるために腰につけるのはNG。つけてから曲げて、上がったシッポを表現します。

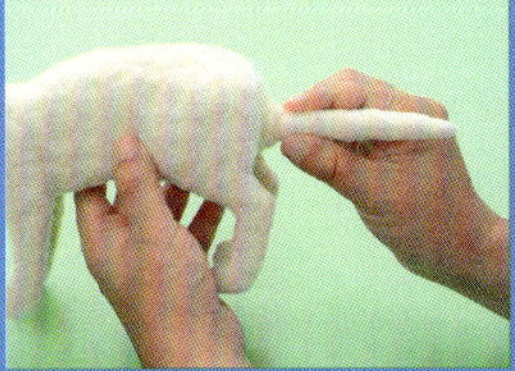

お尻にかかるシッポもNG
低すぎるシッポもNGです。お尻につけるのではなく、背骨のラインに沿ってつけましょう。

Column 2

悩みに悩んだ命の３つの形 ――

六本木国立新美術館で開催された「第25回記念平泉展」に出展したのが、上写真の「生・旺・墓（せい・おう・ぼ）」です。副題は「天国に旅立った猫に寄り添う子猫と最後の別れの挨拶をする猫」でした。

「生旺墓」とは東洋哲学の中に説かれる概念のひとつです。世の中のすべてのものには、始まりがあり、盛んになる時があり、そして終焉がある。この3つは正三角形を為し、ぐるぐると輪転しています。すなわち、始まりと終わりはつながっているのです。だから、墓といっても終わりのみを意味するのではなく、悲しいだけのものでもないのです。

私は「生・旺・墓」という3つの命の状態を、「子猫の新しい命＝【生】、大人猫の旺盛な命＝【旺】、死にゆく猫の命＝【墓】」で表現しようと思いました。3つの対比に分けることで、それぞれの命の光を表現しようと考えたのです。

一番苦労したのは「終焉の命の表現」です。今までの私は、命の光を表現しようとして、ひたすら生きている命を追いかけてきました。そのためか、死にゆく猫にも、きらきらした命の光の断片が存在しているのです。これでは猫がふざけて横になっているだけです。どうしたら命の光が消えるのか……今度は必死になって、命の光の断片を消していく作業を行いました。ところが、それを続けると、今度は猫人形どころか、ただのぬいぐるみになってしまうのです‼　無機質なぬいぐるみを横たわらせても意味がありません。ふたたび命の光の断片を注入しつつ、部分的に緊張と弛緩を再現することにしました。

そして最後の難関は表情です。病を患っていたかのような苦悶の表情や老衰のようなやつれた顔を再現しても説明的になりすぎます。考えた末に、安らかな表情で旅立った感じを目指しました。

命の光を追い続けていた私が、命の光の終焉を表現することになるなんて……！　猫人形制作とは、なんと過酷で奥の深い世界なのだろう。出口のない迷路のようでもあるが、だからこそ人生をかけて取り組めるテーマなのかもしれない。そう思う今日この頃です。

第3章

リアル猫人形を作ろう

この章では、巻頭グラビアに登場した猫人形10体の作り方をご紹介しちゃいます。第2章で掲載した「お座りする猫」や「立っている猫」を応用すれば、寝転がっている三毛猫や伸びをしているキジ猫も簡単に作れますよ！

テーマ 1

茶トラ猫 × 香箱座り

香箱座りは
猫独特のしぐさのひとつ。
P42で紹介した
「香箱座り」の猫を使って、
人気の茶トラ猫を
作ってみましょう。
丸みのあるフォルムが
とても愛らしいですよ。

用意するもの

【ベース制作用パーツ】

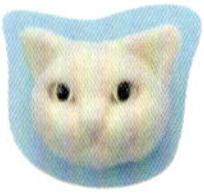

●顔

●胴体／
長さ14cm、
前の幅5cm、後ろの幅6cm

【毛並み用】

●羊毛フェルト・
ナチュラルブレンド
（No.832）1束

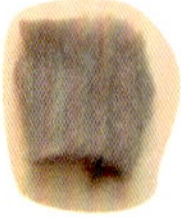

●羊毛フェルト・
ナチュラルブレンド
（No.804）適量

作り方

1 P42からの「香箱座りの猫」を参照にして、ベースを作りましょう。

2 胴体の長さに合わせて、毛並み用の「羊毛フェルト・ナチュラルブレンド（No.832)」を切ります。胸元の部分は含みません。

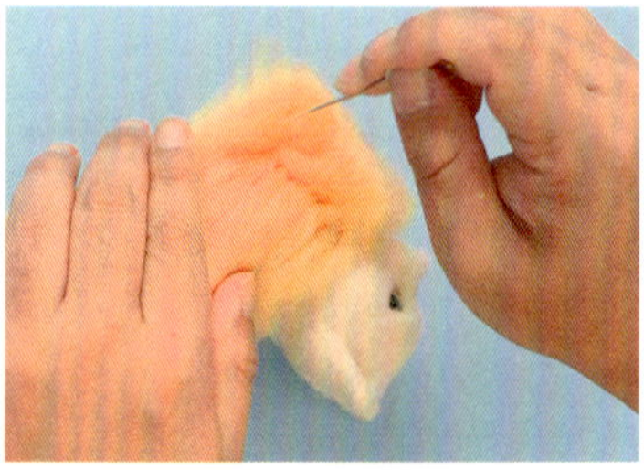

3 羊毛フェルトを胸のほうから刺し留めていきます。

4 サイドの羊毛フェルトを伸ばして、背中部分まで引っ張り上げます。

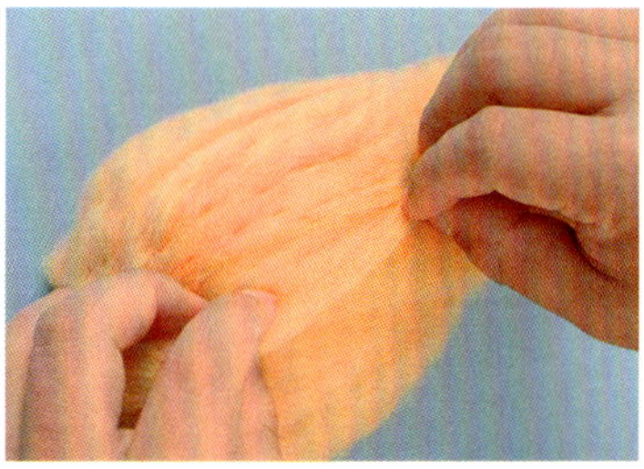

5 両サイドで同じことをします。わら納豆のように、背中が羊毛フェルトで包まれるはずです。

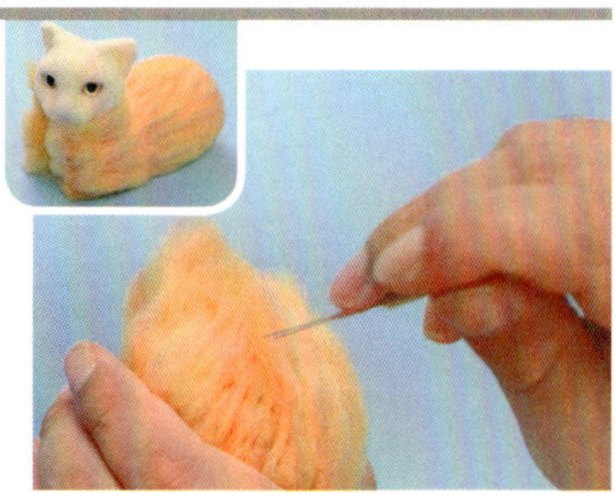

6 背中の合わせ部分と、お尻の合わせ部分を刺してなじませます。左上の写真のようになればOKです。

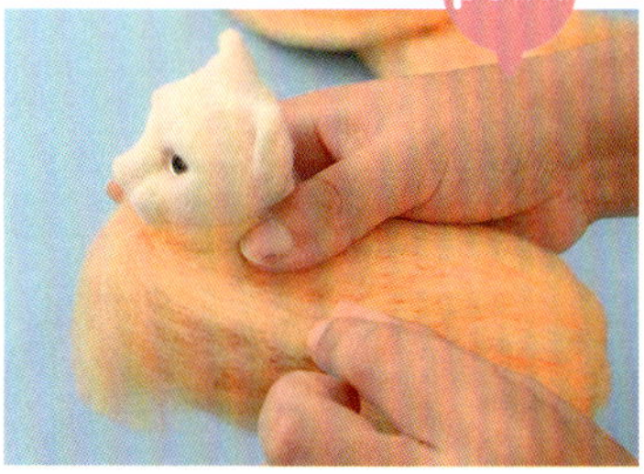

7 胸元に羊毛フェルトをあて、首もとで刺し留めます。胸元の羊毛フェルトをサイドに引っ張って流します。これで毛並みを表現します。

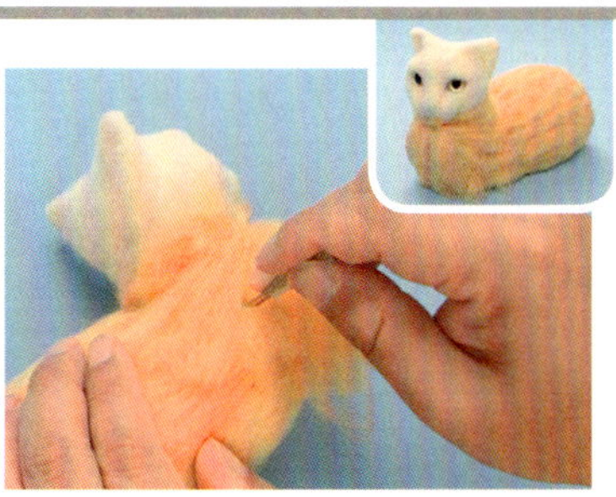

8 流したフェルトを刺し留めます。右上がここまでの完成図です。

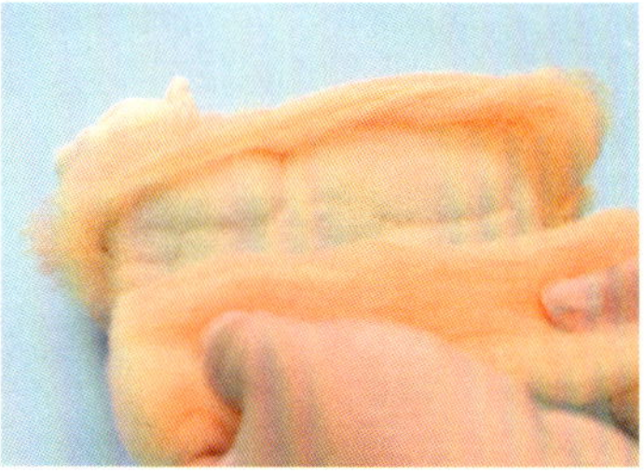

9 胴体の下面（足の部分）に合わせて、羊毛フェルトを切ります。

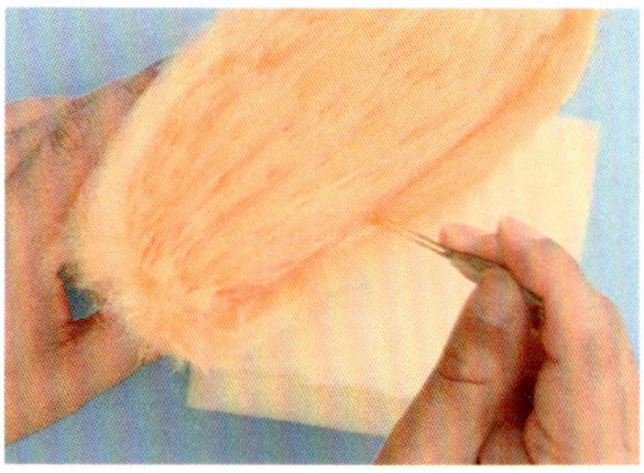

10 9で切った羊毛フェルトをはめ込み、刺し留めていきます。ベースに彫ってある足の形を浮き出させていきましょう。

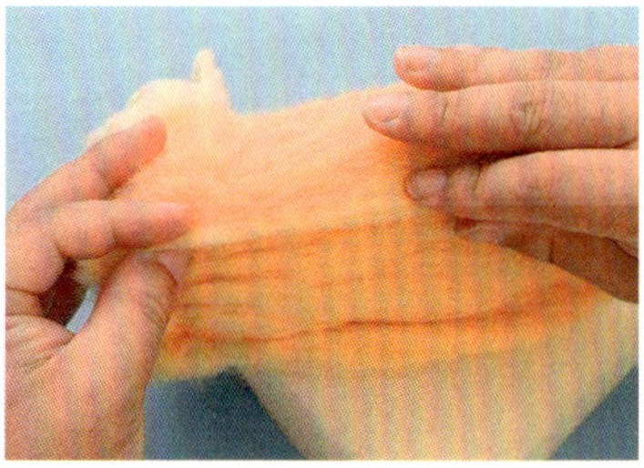

11 サイドの羊毛フェルトをかぶせるようにして刺し留めましょう。つなぎ目がきれいになります。

12 少量の羊毛フェルトを取り、片方の頬に刺し留めます。羊毛の毛の流れは横になるようにしましょう。

13 同じように、もう片方の頬と額にも羊毛フェルトを刺し留めます。両頬と額に刺し留めると、右上のような形になります。

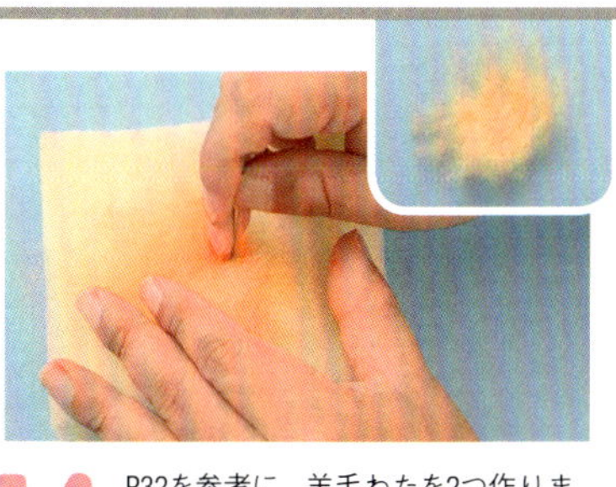

14 P32を参考に、羊毛わたを2つ作ります。マットの上で羊毛わたを軽く刺し留めて、四角いシートを作ります。右上の写真がシートになった状態です。

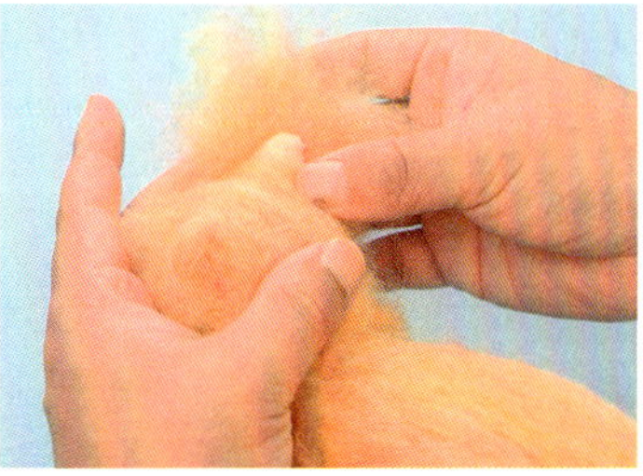

15 羊毛わたのシートを耳の前側にあてます。

point

16 外側（こめかみ側）のシートのあまった部分を、耳の後ろへ向けて折りたたみます。

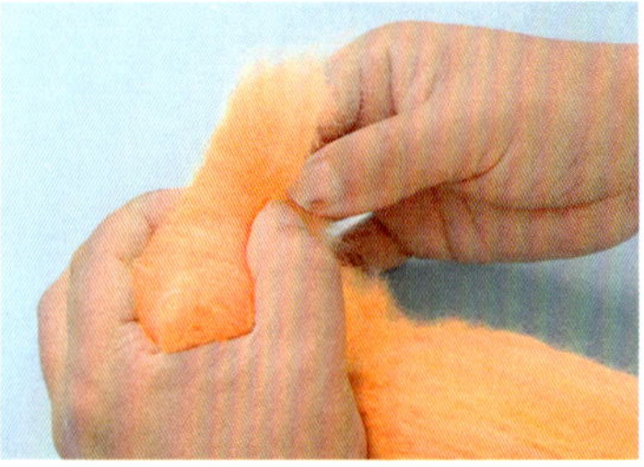

17 内側（額側）のシートのあまった部分を、耳の後ろへ向けて折りたたみます。耳を三角包みにした形です。

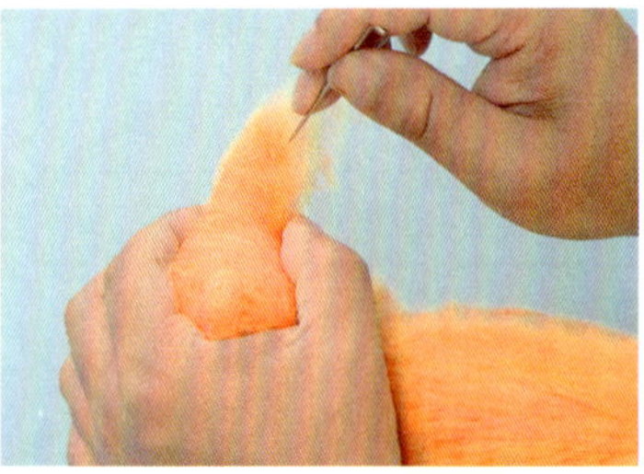

18 包んだシートを刺し留めます。

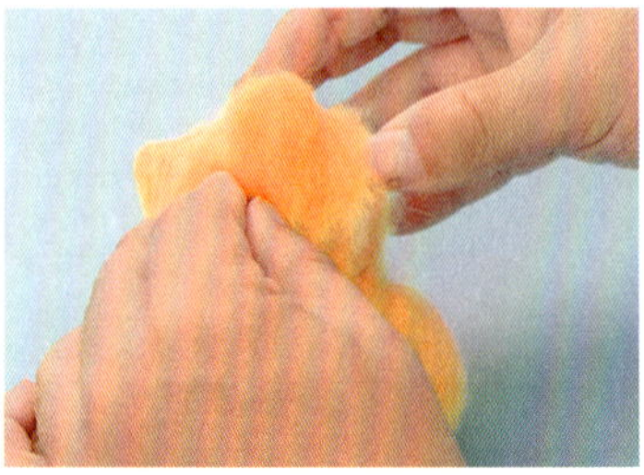

19 耳の先端にあまったシートがはみ出ているはず。これも後ろ側に折り返しましょう。

20 折り返した部分を刺し留めます。これで耳が完成です。両耳とも同じように包んでいきましょう。

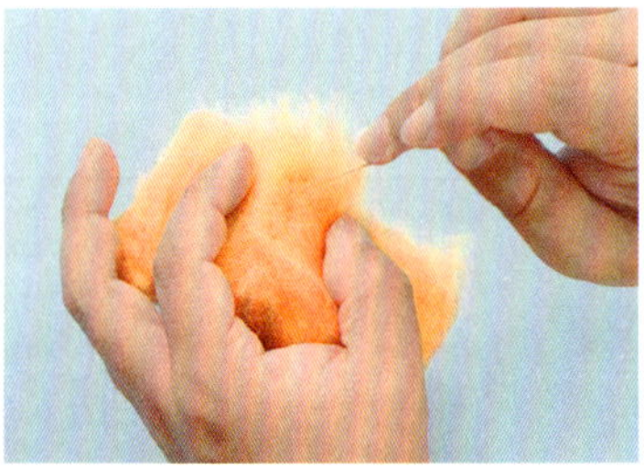

21 羊毛わたを3つ作ります。シートにしなくてOK。1つの羊毛わたを口元の部分に貼り、刺し留めていきます。

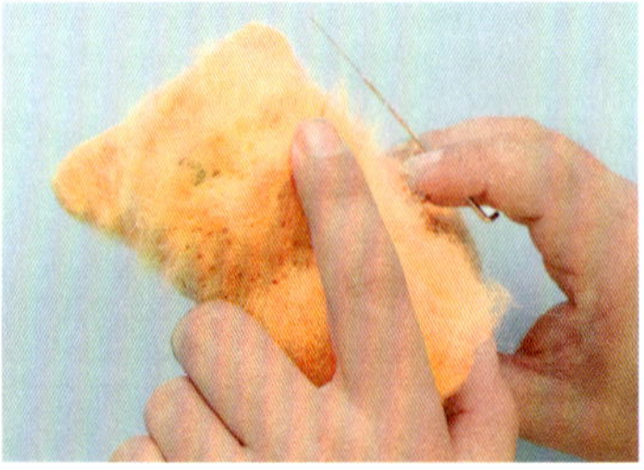

22 ベースに彫ってある目や鼻の形を指で確かめながら、21の羊毛わたを刺し固めていきます。

23 口元のラインは埋没しやすいので、しっかりチェック。左上の写真程度を目指してください。

24 片方の目に羊毛わたをあてて、輪郭を浮き彫りにしながら刺し固めていきます。

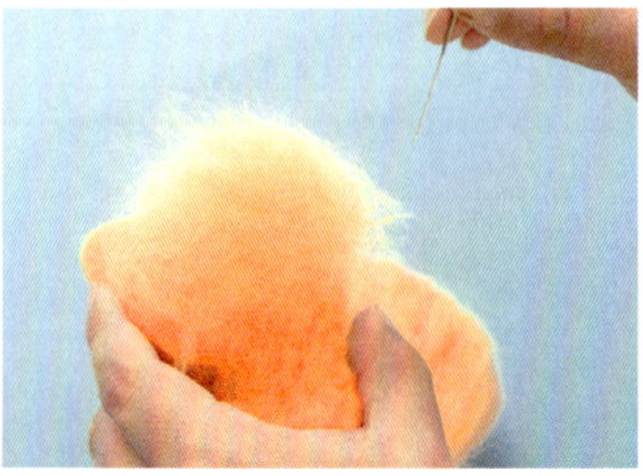

25 もう片方の目にも羊毛わたをあてて、輪郭を浮き彫りにしながら刺し固めていきます。

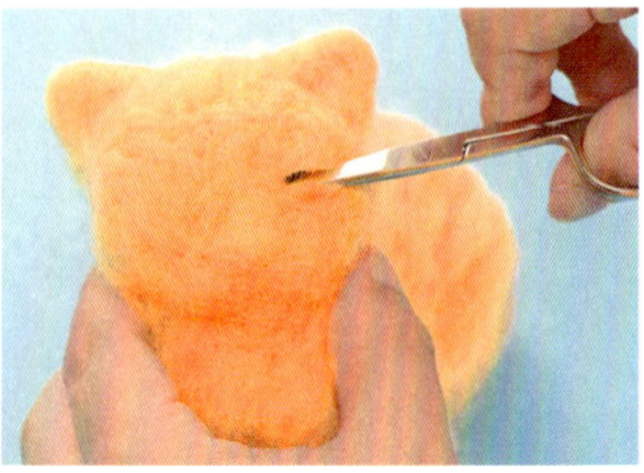

26 両方の目にハサミを入れます。

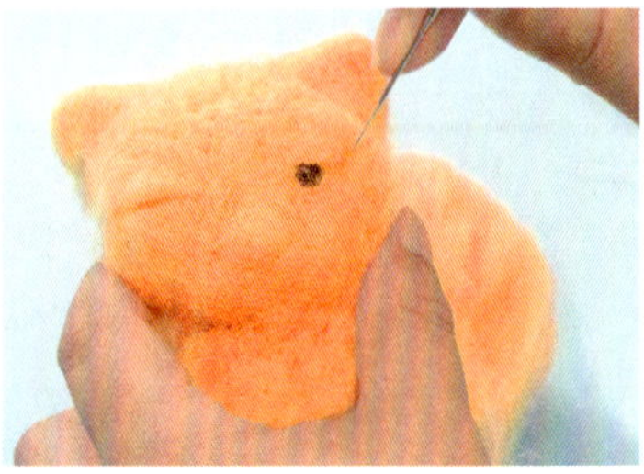

27 26で開けた羊毛フェルトを、目のフチに落とすように刺し留めます。

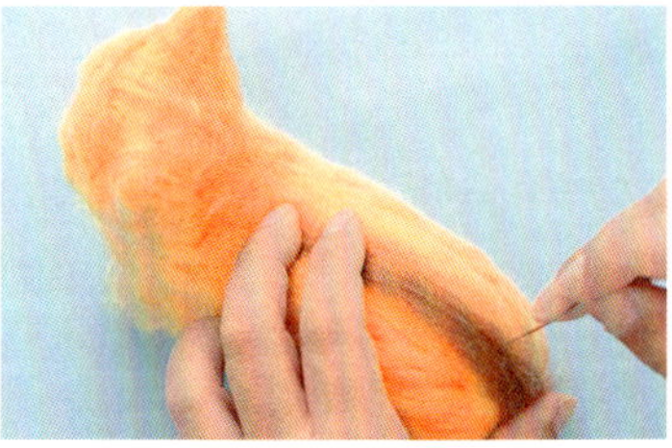

28 トラ部分の模様に使う「羊毛フェルト・ナチュラルブレンド（No.804）」を適量取って、背中のセンターに留めます。まず背中の真ん中あたりからお尻に向けて1本、留めましょう。

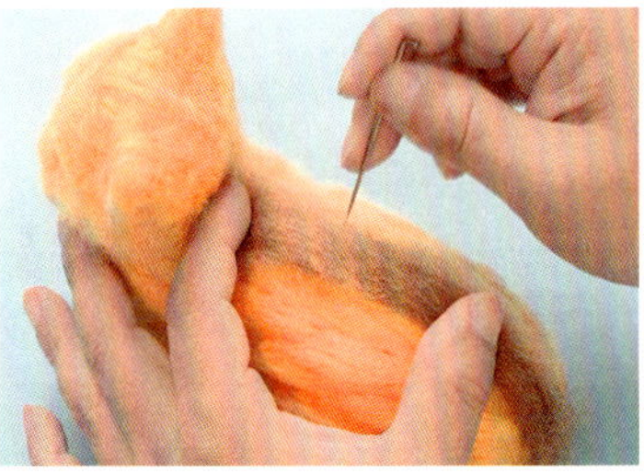

29 続いて、首から背中の真ん中にかけて2本目を留めましょう。1本目に半分かぶるくらいになります。これで毛並みを表現します。

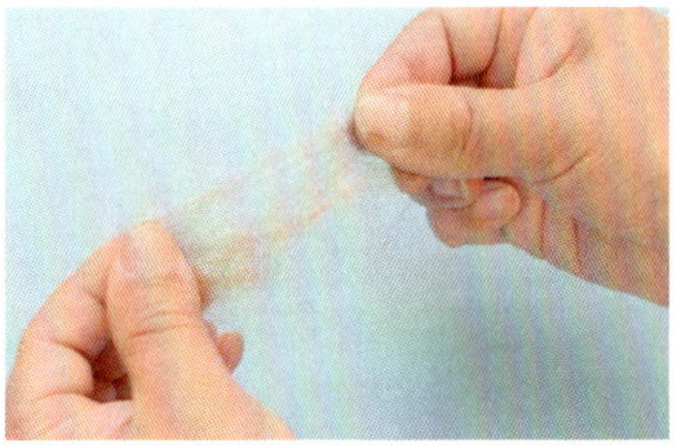

30 中留め式植毛（P89）でトラ模様を作ります。まず、28と同じ羊毛フェルトで、羊毛わたを作ります。羊毛わたの作り方はP32を参照に。

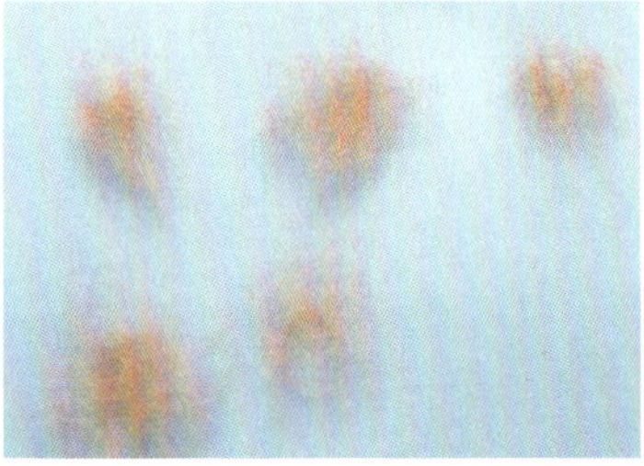

31 少量の羊毛わたを、模様を入れたい数だけ作っておきましょう。

32 模様を入れたい部分に羊毛わたを置きます。

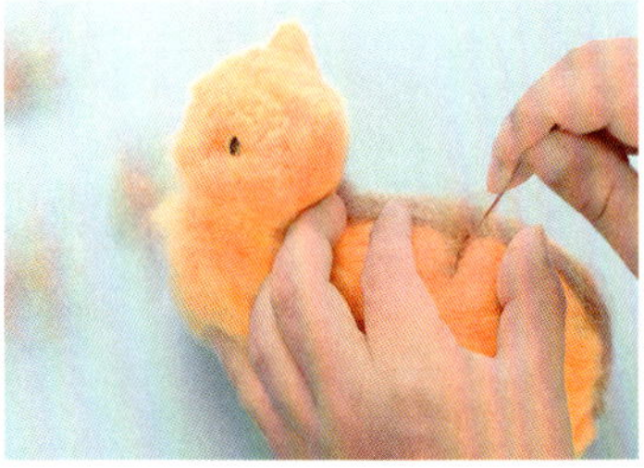

33 先ほど置いた羊毛わたの中心だけを刺し留めます。細いラインができたはずです。

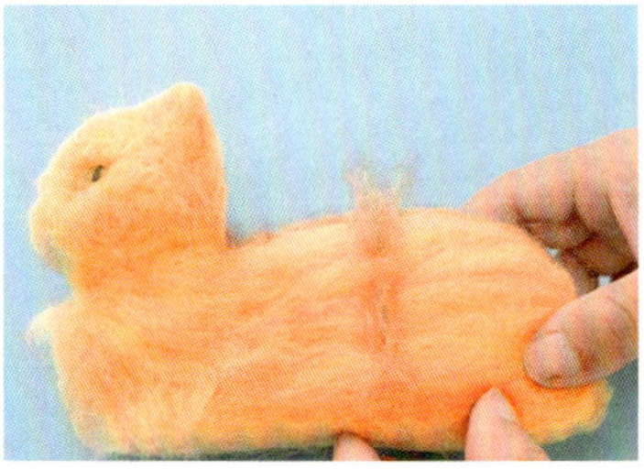

34 刺し留めていない、あまった羊毛フェルトを完全に立たせます。

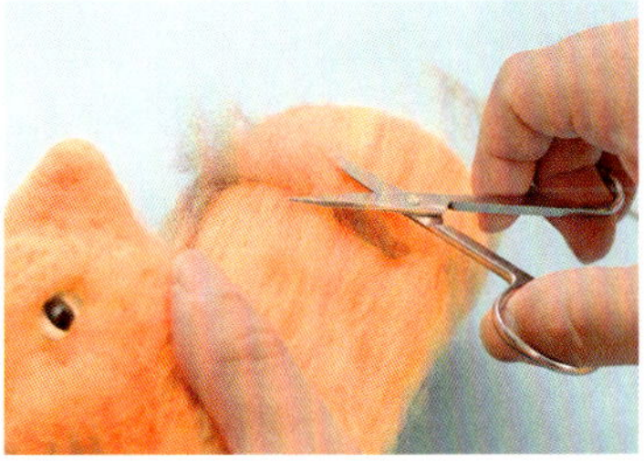

35

立たせた羊毛フェルトをハサミで切ります。これでトラ模様の完成です。

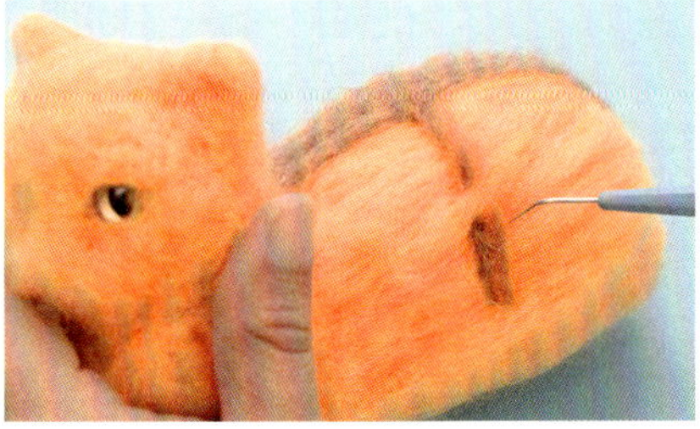

36 スパチュラで地の毛やトラ模様を引っかいて、毛並みを整えていきましょう。

テーマ 2

サバ白猫 × お座り

ちょこんとしたお座りも
猫の基本ポーズ。
ここではサバ白の毛色で、
お座り猫を作ってみましょう。
お座りの作り方は
P46を参考に。
前足を上げれば
招き猫ポーズもできますよ。

用意するもの

【ベース制作用パーツ】

● 顔

● 後ろ足×2本／
長さ4cm、
幅2cm

● シッポ／
長さ10cm、直径2cm

● 胴体／
長さ14cm、
前の幅5cm、
後ろの幅6cm

● 前足×2本／
長さ10cm、
直径2cm

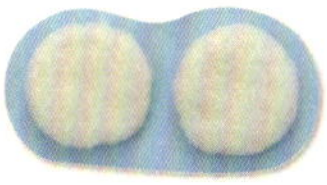

● 太もも×2枚／
直径5cm

【毛並み用】

● 羊毛フェルト・ミックス
（No.210）1束

● 羊毛フェルト・ソリッド
（No.9）適量

作り方

1 P46からの「お座りの猫を作る」を参考にして、お座りのベースを作りましょう。模様をつけたい場所に合わせて、チャコペンでラインを描きます。

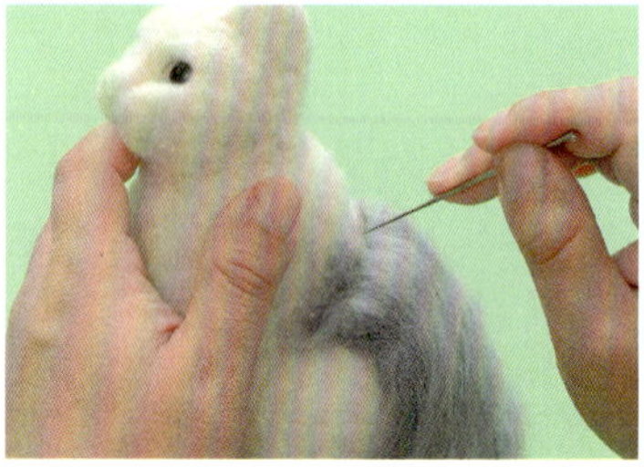

2 ラインに合わせて「羊毛フェルト・ミックス（No.210）」を乗せ、上のほうから刺し留めていきます。

3 ラインからあふれた羊毛フェルトはハサミで切ってしまってOK。切った端は丁寧に刺し留めましょう。

4 同色の羊毛フェルトで、羊毛わたを作ります。

5 羊毛わたの端を折って直線のフチを作ってから、頭のハチ割れ部分にあてて刺し留めます。

point

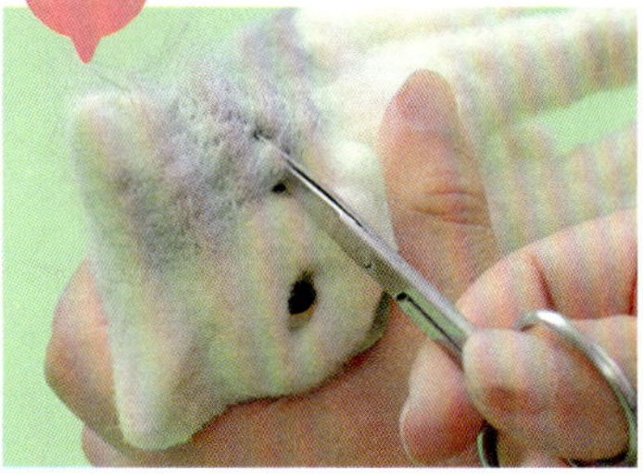

6 目にかかった部分はハサミを入れましょう。

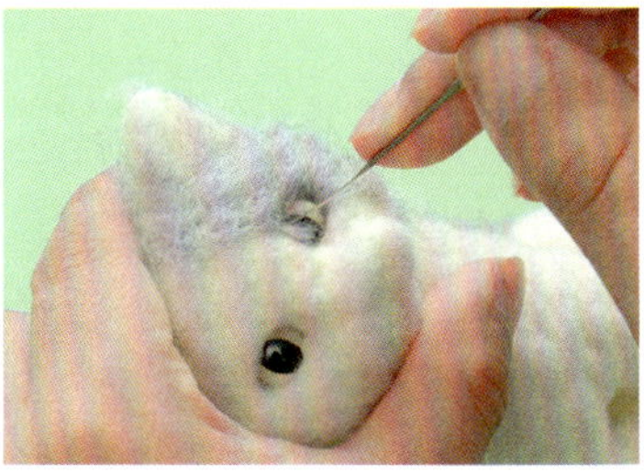

7 あまった羊毛フェルトを目のフチに押し込む形で、刺し留めます。

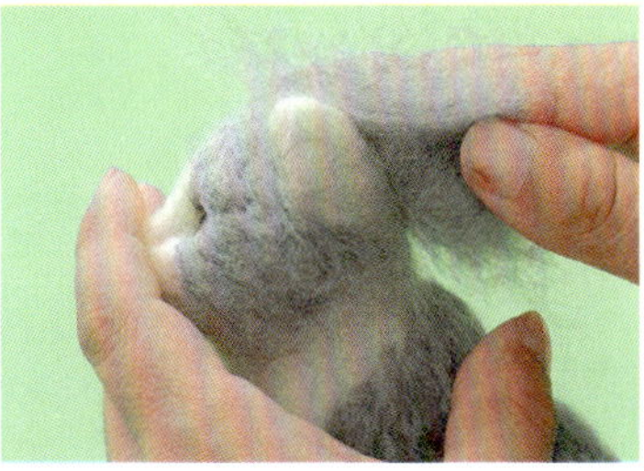

8 羊毛わたでシートを作り、片方の耳をシートで包みます（シートの作り方、耳の詳しい包みかたは、P57・手順14からを参考にしてください）。

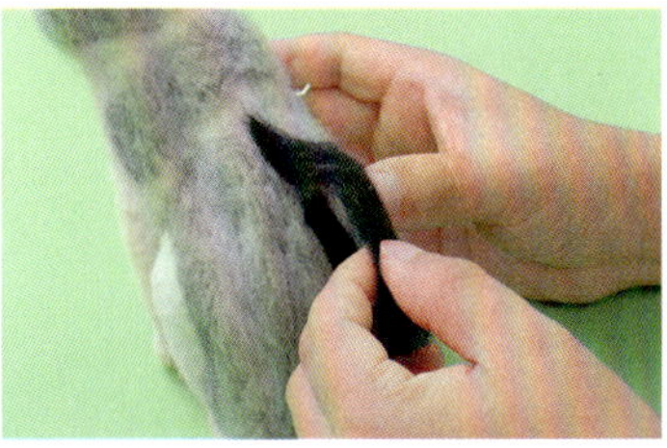

9 トラ部分の模様に使う「羊毛フェルト・ソリッド（No.9）」を適量取って、背中の真ん中からお尻に向けて1本留めます。次に、首から背中の真ん中にかけて2本目を留めましょう。

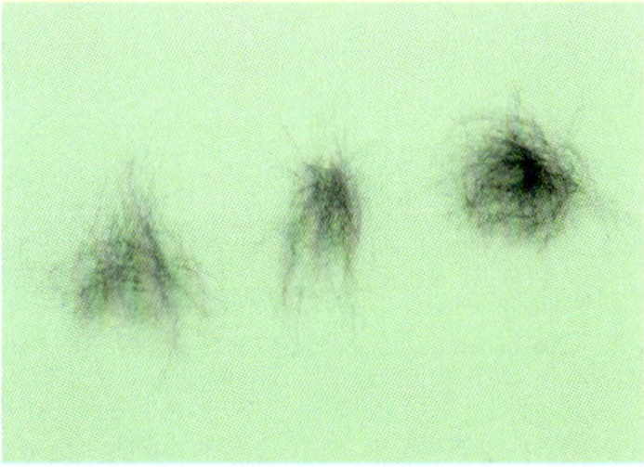

10 9で使ったものと同じ羊毛フェルトで、羊毛わたを作ります。少量の羊毛わたを、模様を入れたい数だけ作っておきましょう。

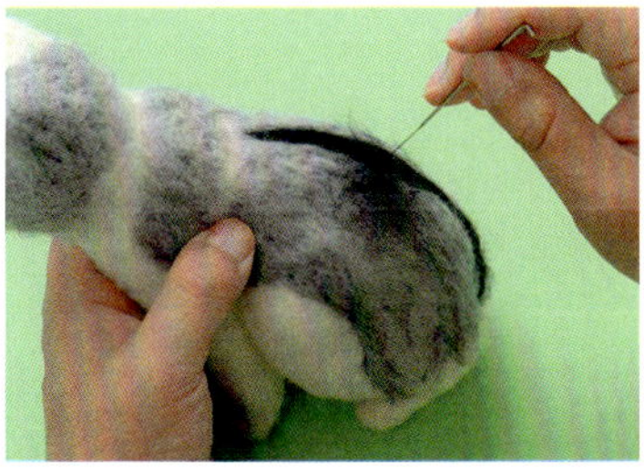

11 中留め式植毛（P89）でトラ模様を作ります。模様を入れたい部分に羊毛わたを置き、真ん中だけ刺し留めましょう。

目の細め方は
P74にどうぞ♪

point

12 刺し留めていないあまった羊毛わたを完全に立たせ、立たせた羊毛わたをハサミで切ります。

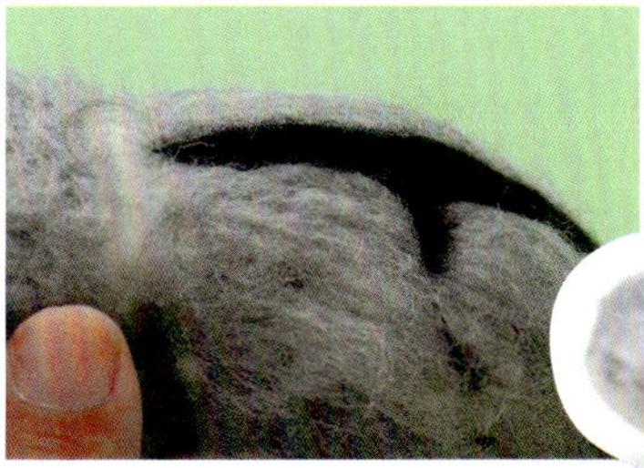

13 トラ模様の完成です。トラの位置や長さは自由に変えてかまいません。トラ模様をつけ終わったら、スパチュラで毛並みを整えます。

テーマ 3

キジ白猫 × お手入れ中

前足をぺろぺろしている姿に
和んでしまう人も多いはず。
ここでは、
前足を毛づくろいする
猫を作ってみましょう。
羊毛をシート状にした
「フェルケット」を
使えば、簡単にブチ柄を
入れられます。

用意するもの

【ベース制作用パーツ】

● 顔

● 後ろ足×2本／
長さ4cm、
幅2cm

● シッポ／
長さ10cm、直径2cm

● 胴体／
長さ14cm、
前の幅5cm、
後ろの幅6cm

● 前足×2本／
長さ10cm、
直径2cm

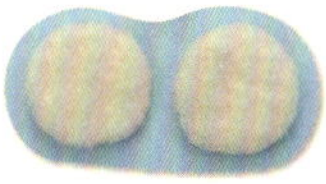

● 太もも×2枚／
直径5cm

【毛並み用】

● フェルケット（No.204）
Lサイズ1枚

● 羊毛フェルトソリッド
（No.9）少量

作り方

1 P46を参考にして、お座りのベースを作りましょう。顔を作る時に目を閉じ気味にすると、気持ちよさそうな表情になります。目の閉じさせ方はP74を参照に。模様をつけたい場所に合わせて、チャコペンでラインを描きます。

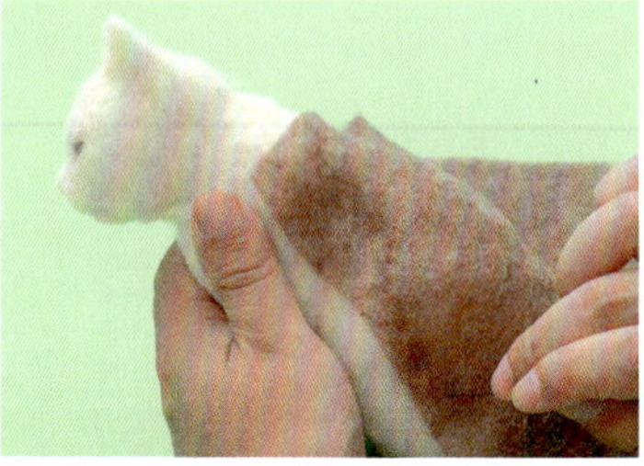

2 「フェルケット（No.204）」を置き、軽く刺し留めます。

point

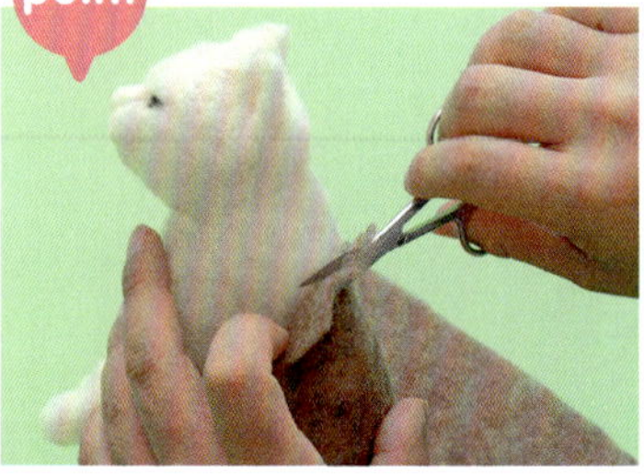

3 ラインに合わせて切っていきます。曲線になっている部分、食い込んでいる部分はフェルケットをまくって、下のラインをよく確認しましょう。

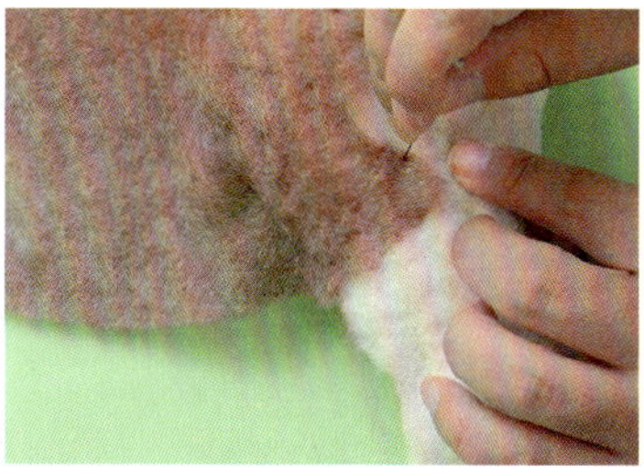

4 切ったフェルケットを刺し留めていきます。

5 顔のハチ割れ部分にフェルケットをあてて刺し留めていきます。

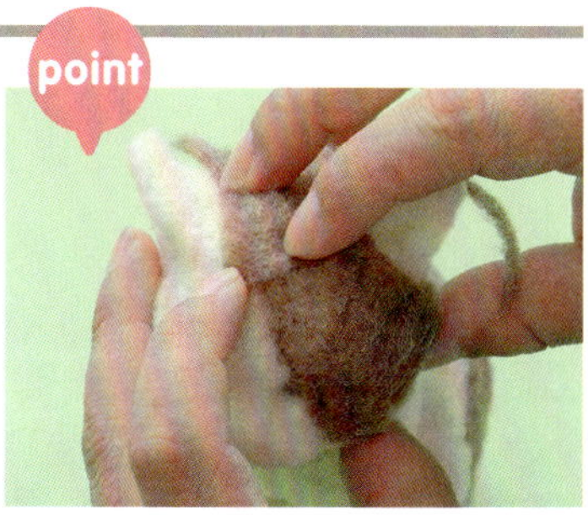

6 小さいフェルケットをつなげる場合はラインをぴったり合わせて、その上を刺してなじませていきます。重ねてしまうと厚みに差が出てしまうので注意。

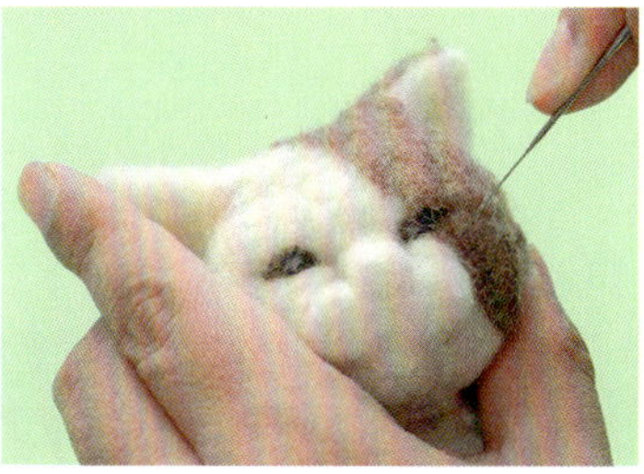

7 ハサミを入れて、目を開けます。あまったフェルケットを目のフチに押し込むようにして刺し留めます。

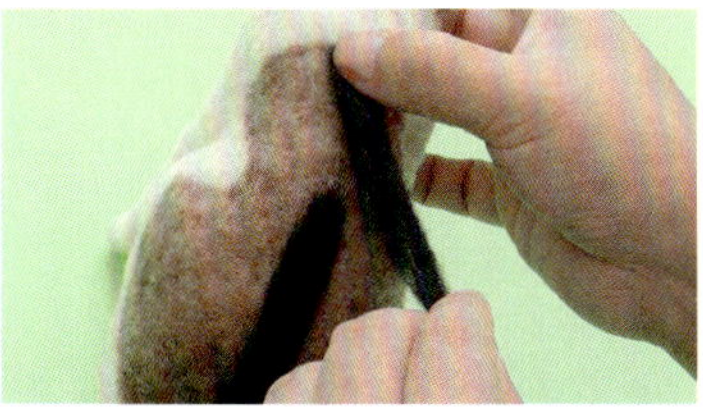

8 トラ部分の模様に使う「羊毛フェルト・ソリッド（No.9）」を適量取って、背中の真ん中のラインで留めます。まず背中の真ん中からお尻に向けて1本、次に、首から背中の真ん中にかけて2本目を留めましょう。

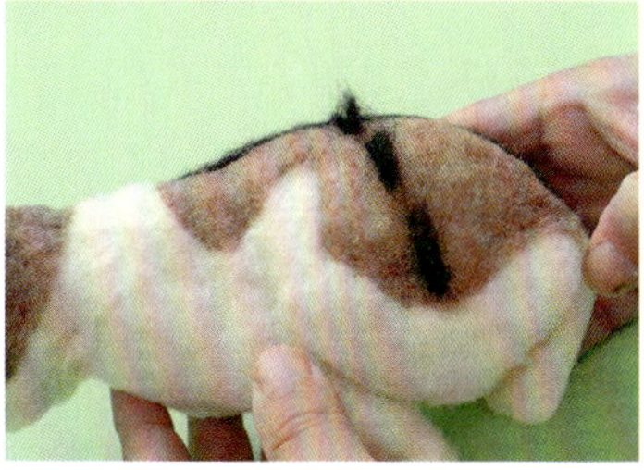

9 中留め式植毛（P89）でトラ模様を作ります。模様を入れたらスパチュラで引っかいて、毛並みを整えます。

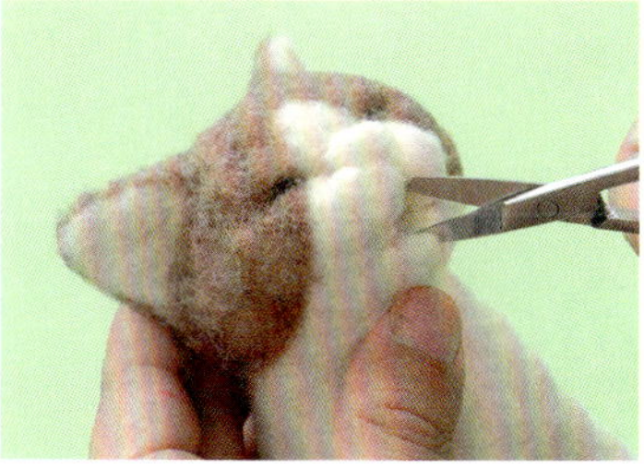

10 ハサミを使って、口元に切り込みをいれます。

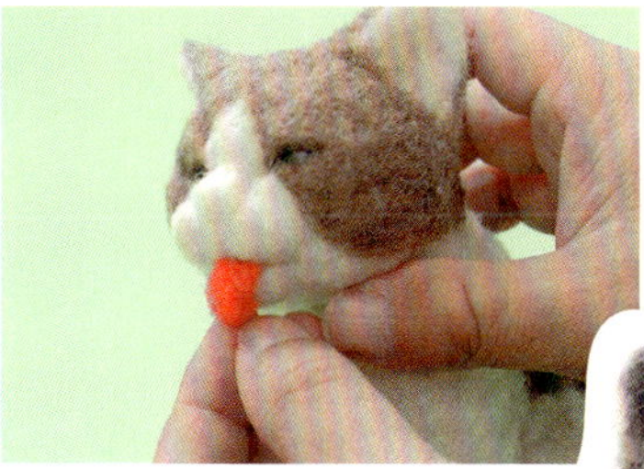

11 羊毛フェルトを小さな小判型にして作った舌を、10の穴に入れて刺し留めます。小判型の作り方はP28を参照に。

肉球の作り方はP91へどうぞ♪

12 右の前足を折り曲げて、口元に持って行きます。肉球の面を口元に向けるとかわいらしさが出ます。形が決まったら折り目を刺し固めて、足の形を作ります。

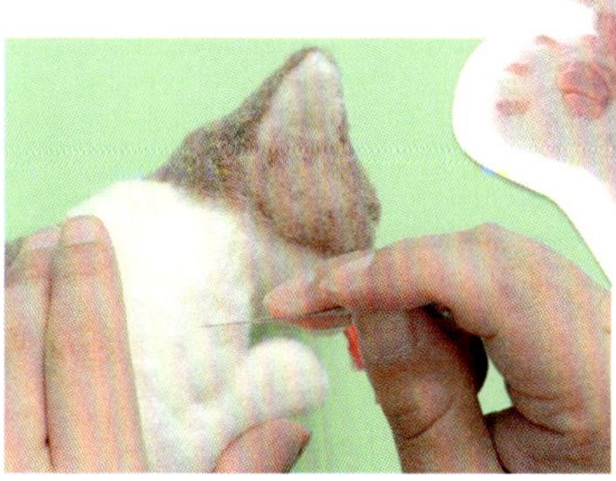

13 体の側面から前足を貫通させるように刺して、折り曲げた前足を胴体に刺し固めます。

テーマ 4

黒猫 × 警戒歩き

興味のあるものに近づいたり、
警戒している時、猫は少し
顔を低くしたポーズを取ります。
ここでは、チョコレート色の
ニードルわたわたでベースを作り、
黒いフェルケットで簡単に
黒猫を包んで仕上げてみましょう。

用意するもの

【ベース制作用パーツ】

●顔

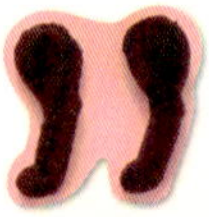

●前足×2本／
長さ10cm、
直径2cm

●シッポ／
長さ10cm、直径2cm

●胴体／
長さ14cm、
前の幅5cm、
後ろの幅6cm

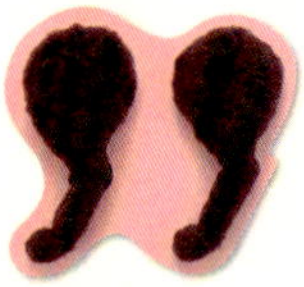

●後ろ足×2本／
長さ10cm、直径2cm

●太もも×2枚／
直径5cm

※ニードルわたわたチョコレート色で作ると、黒猫のベースに最適です。

【毛並み用】

●フェルケット（No.109）
Lサイズ×1枚

作り方

1 P50を参考に、4本の足と胴体を接合します。ポイントは頭の位置です。頭頂と背中のラインがそろうように接合しましょう。首を作る必要はありません。位置が決まったら刺し留めて、首回りにニードルわたわたを足してさらに刺し留めていきます。

2 シッポを接合します。背骨のラインとシッポがそろうように。

3 接合し終わってから、歩いているような動きを出していきます。まず、右の前足を少し後ろに下げます。手で動かしてかまいません。

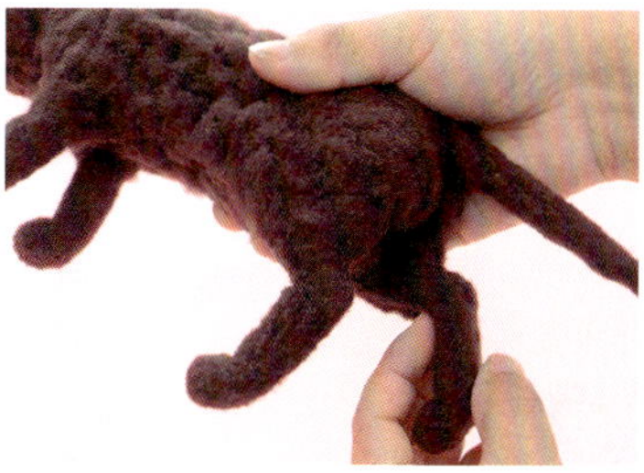

4 後ろの右足も少し下げます。足先だけでなく、ももの部分から動かすこと。

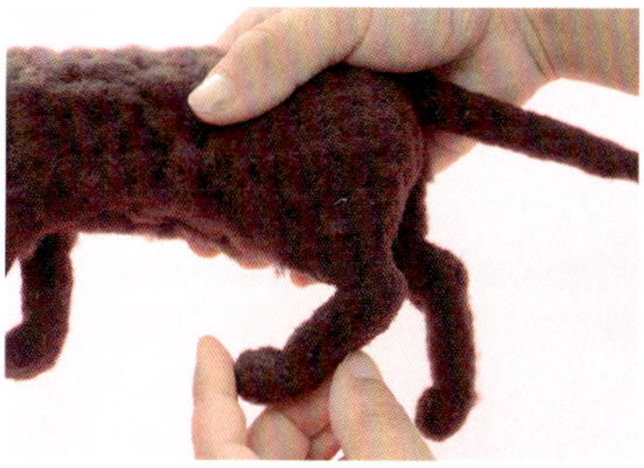

5 後ろの左足を少し前に出します。これで歩いているように見えます。左前足はそのままでOK。

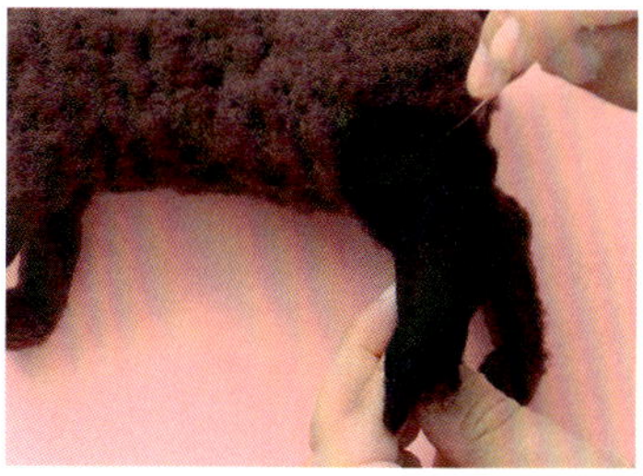

6 後ろ足の長さより少し長めにフェルケットを切ります。後ろ足に巻きつけて、刺し留めましょう。4本の足を同様に。

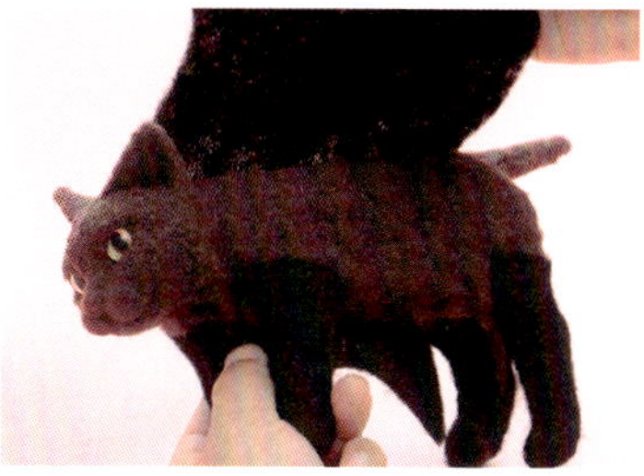

7 次に胴体をフェルケットで巻き、刺し留めましょう。

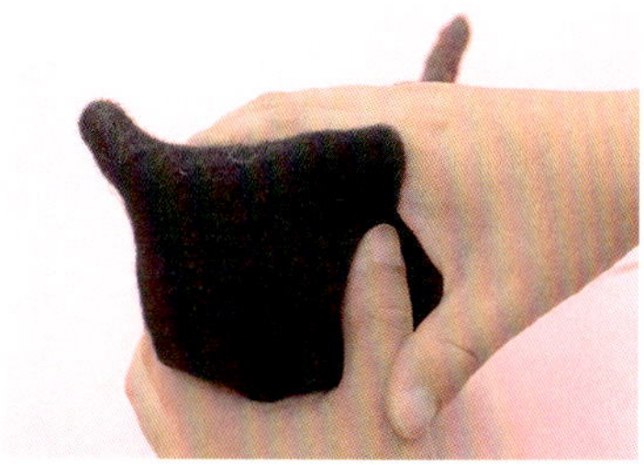

8 顔を包むくらいの長さにフェルケットを切り、写真のように包みます。

9 周辺を軽く刺し留めます。

10 輪郭に合わせて、あまった部分をハサミで切り落とします。中身のベースまで切らないように注意。

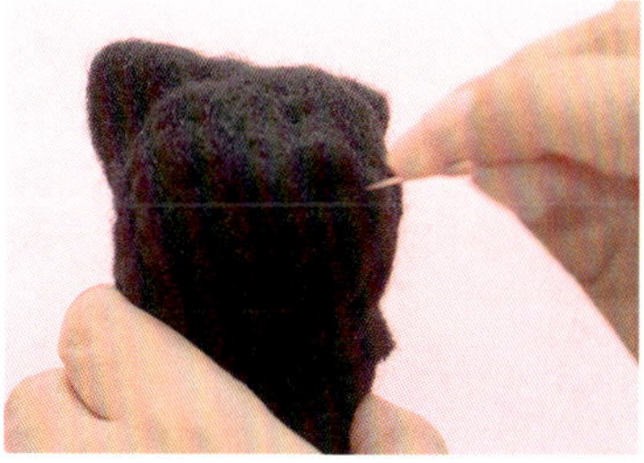

11 フェルケットを刺し固めて、目・鼻・口の輪郭線を出していきましょう。刺せば刺すほど、フェルケットがなじんで輪郭が出てきます。

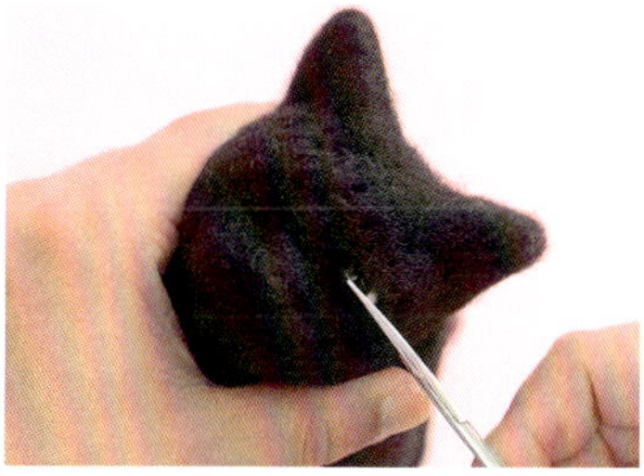

12 目の部分にハサミを入れます。

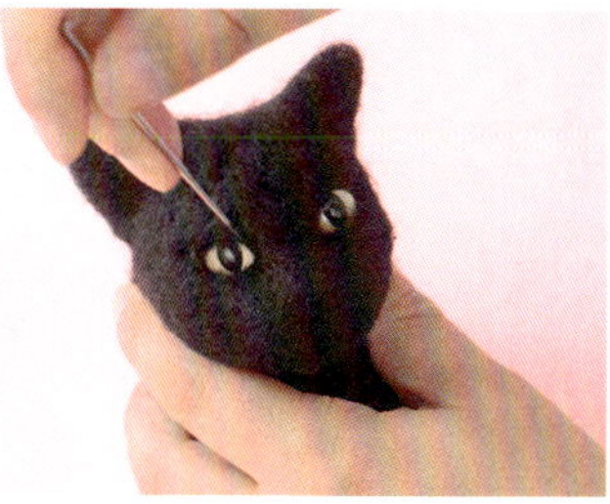

13 あまったフェルケットを目のフチに押し込むように刺し固めます。

ベースを
しっかり
作るニャ

テーマ 5

白黒ハチ割れ猫×4本足立ち

「歩いている猫」を利用して、
人気のハチ割れ模様を
作ってみましょう。
ベースの上に
白い羊毛フェルトを貼ると、
毛並みがきれいに出ますよ。

用意するもの

【ベース制作用パーツ】

● 顔

● 胴体／
長さ14cm、前の幅5cm、
後ろの幅6cm

● 前足×2本／
長さ10cm、直径2cm
● 後ろ足×2本／
長さ10cm、直径2cm

● シッポ／
長さ10cm、直径2cm

● 太もも×2枚／
直径5cm

【毛並み用】

● 羊毛フェルト・
ソリッド（No.1）／1束

● 羊毛フェルト・
ソリッド（No.9）／1束

作り方

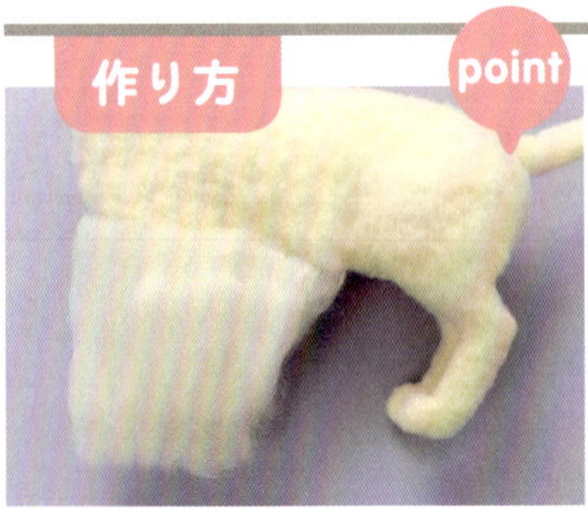

1 P50を参考に、「立っている猫」を作ります。前足の長さに合わせて、「羊毛フェルト・ソリッド（No.1）」を切ります。

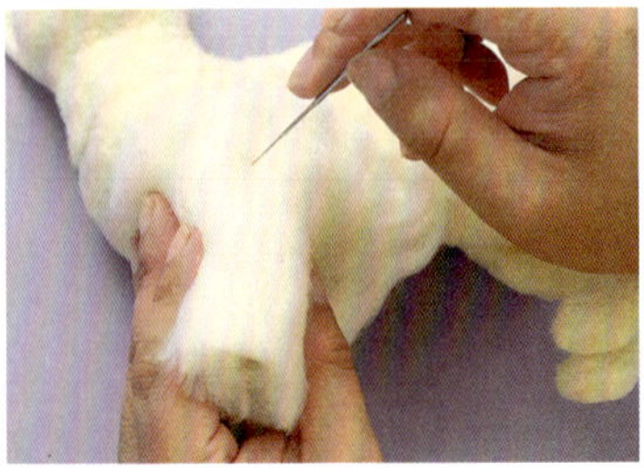

2 足に巻きつけてから、足の輪郭が出るまで刺し留めていきます。左右の前足に行います。

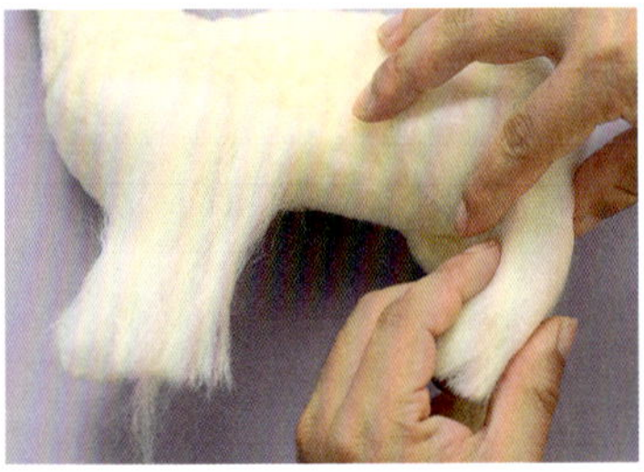

3 同様に、後ろ足にも羊毛フェルトを巻きつけます。

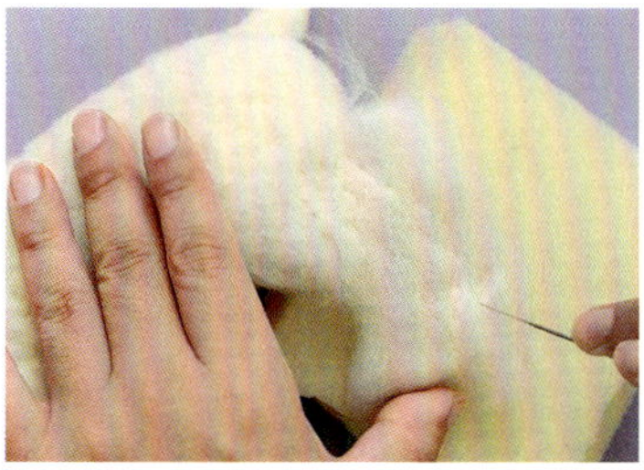

4 後ろ足の輪郭が出るまで刺し留めます。左右の後ろ足に行います。

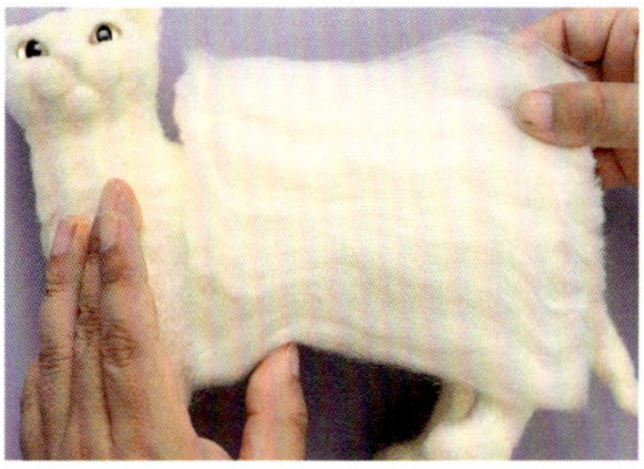

5 胴体の長さに合わせて羊毛フェルトを切ります。毛の流れの向きは横になるようにしましょう。

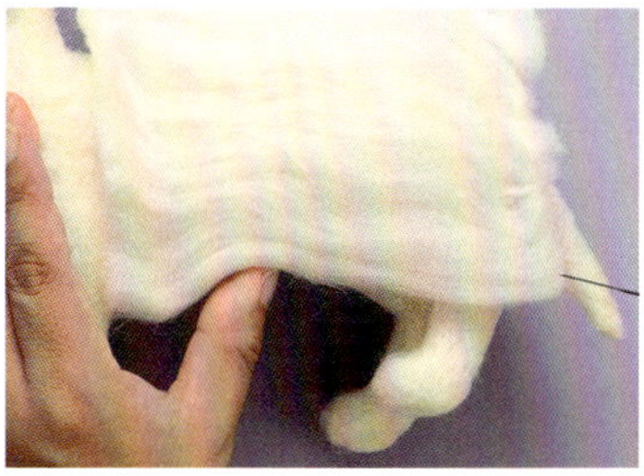

6 5の羊毛フェルトを刺し留めていきましょう。胸元は抜かして、両方の側面に羊毛フェルトを刺し留めます。

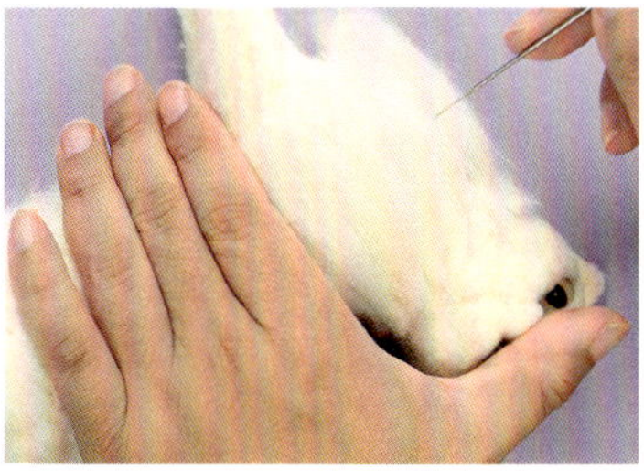

7 胸元にはひとつまみの羊毛フェルトをあてて、刺し留めていきます。

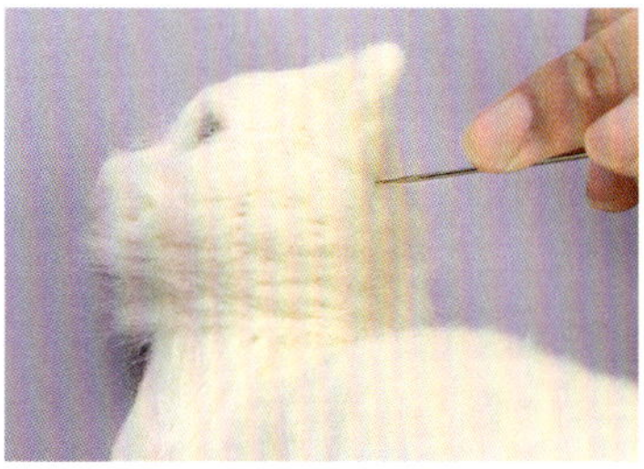

8 首周りにも羊毛フェルトを足して、なじませます。後頭部や頬にかかったものは、そのまま刺し留めてOKです。

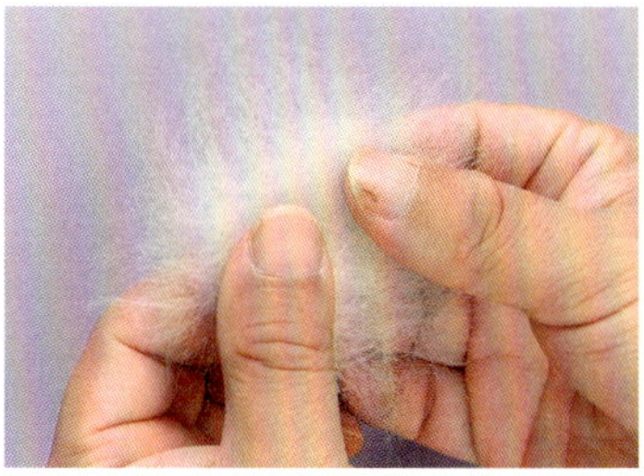

9 羊毛わたを3つ作ります。詳しい作り方はP32を参照にしてください。

10 口元に羊毛わたをあてます。

11 ベースに彫った輪郭が出るまで、羊毛わたを刺し留めていきます。

point

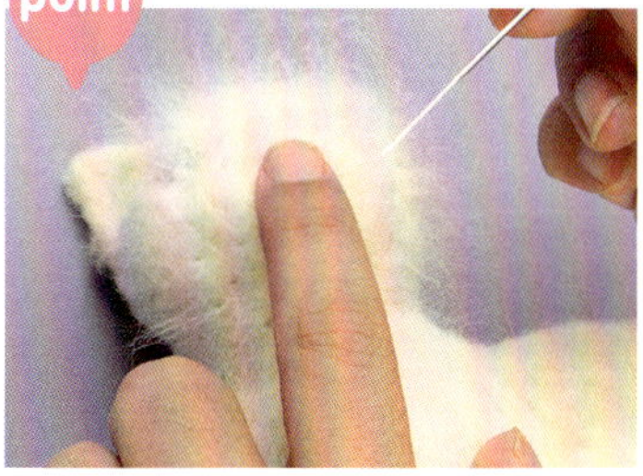

12 鼻や目のラインを指で触って確認しながら彫っていくといいでしょう。

13 写真のように、目や鼻、口の輪郭がはっきり出てくるまで彫ります。

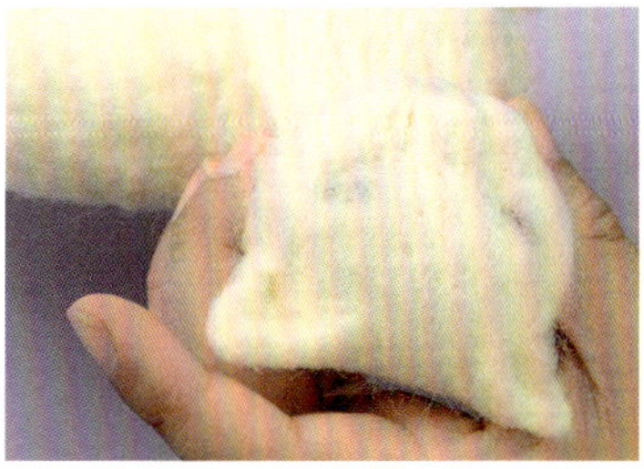

14 目にハサミを入れます。

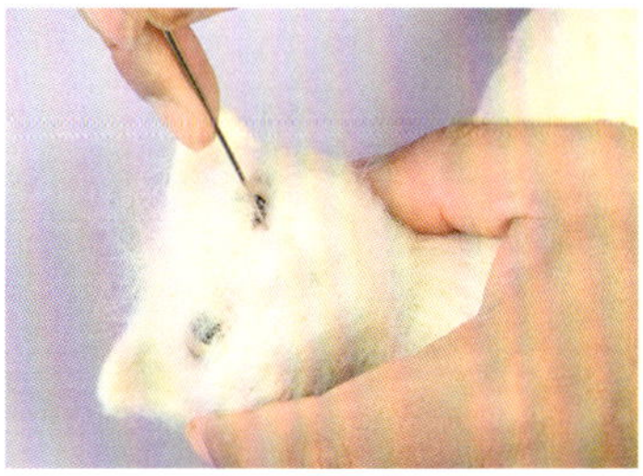

15 あまった羊毛わたを、目のフチに押し込むように刺し固めます。

16 胴体の長さに合わせて「羊毛フェルト・ソリッド（No.9）」を切ります。この前に、チャコペンで模様のラインを引いておいてもよいでしょう。

17 想定する模様に合わせて羊毛フェルトを刺し留めていきます。作例は、お尻に向けて黒が少なくなっている模様なので、斜めに羊毛フェルトを刺し留めます。

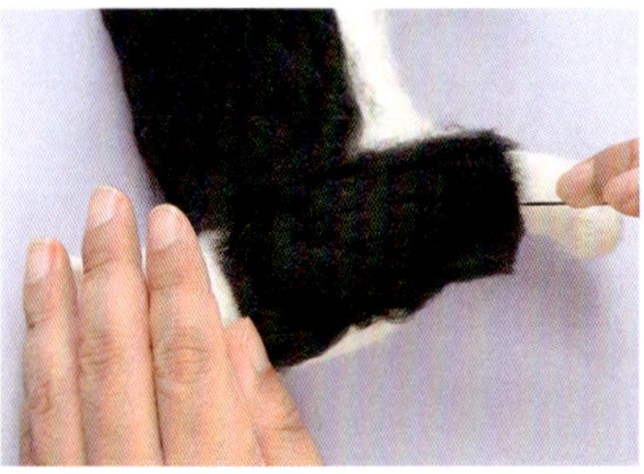

18 左右の前足に羊毛フェルトを刺し留めます。

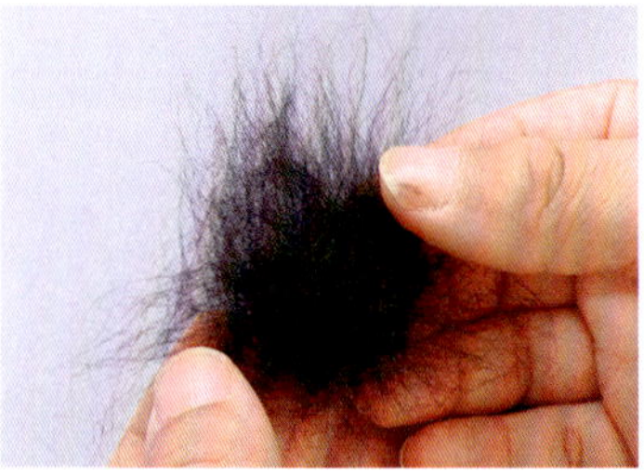

19 黒い羊毛フェルトで、羊毛わたを作ります。

20 羊毛わたを折って直線のフチをしっかり作り、ハチ割れのラインに合わせます。

21 刺し留めていきます。はみ出た羊毛わたも刺し固めていきましょう。

22 反対側のハチ割れも同じように刺し留めます。

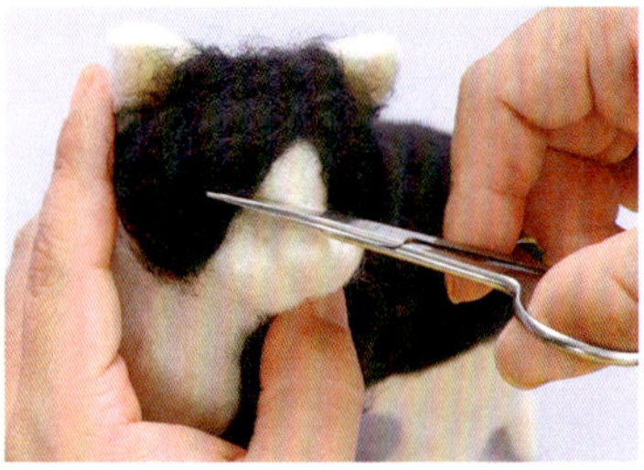

23 目にかかる部分にハサミを入れます。

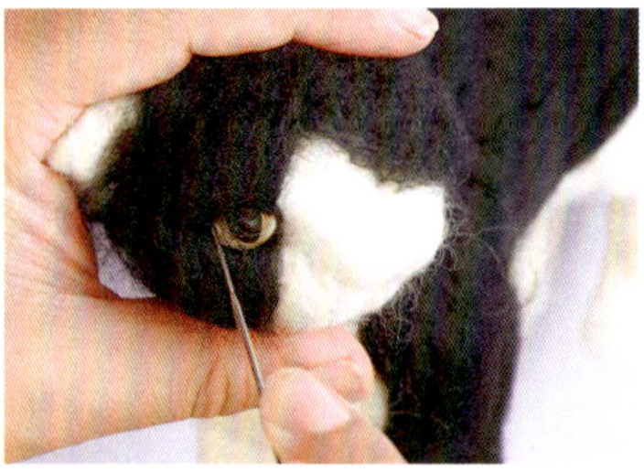

24 あまった羊毛わたを目のフチに押し込むよう刺し固めます。この後、シッポに羊毛フェルトを巻いて刺し留めます。

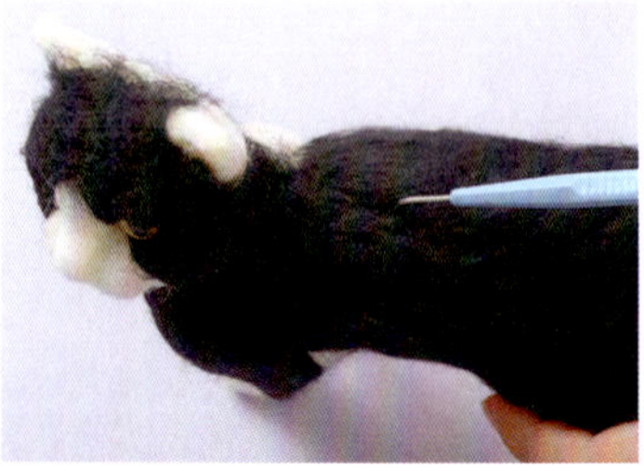

25 スパチュラで軽くひっかいて毛並みを整えます。

テーマ 6

三毛猫×寝転がり

遊んで〜と寝転がる猫の姿に
ノックアウトされる人も
多いでしょう。
猫独特のかわいいポーズも、
パーツを利用して
簡単に作れます。
人気の高い三毛猫で
作ってみましょう。

用意するもの

【ベース制作用パーツ】

●顔

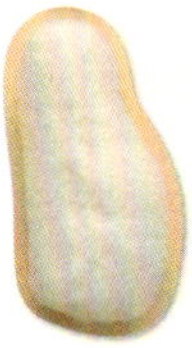

●胴体／
長さ14cm、
前の幅5cm、
後ろの幅6cm

●後ろ足×2本／
長さ10cm、
直径2cm

●前足×2本／
長さ10cm、
直径2cm

●太もも×2枚／
直径5cm

●シッポ／
長さ10cm、直径2cm

【毛並み用】

●羊毛フェルト・
ミックス
（No.201）／ひとつまみ

●羊毛フェルト・
ソリッド
（No.9）／ひとつまみ

作り方

point

1 頭側から3分の1くらいの位置で、胴体を曲げます。背中のくびれに合わせるとぴったりです。

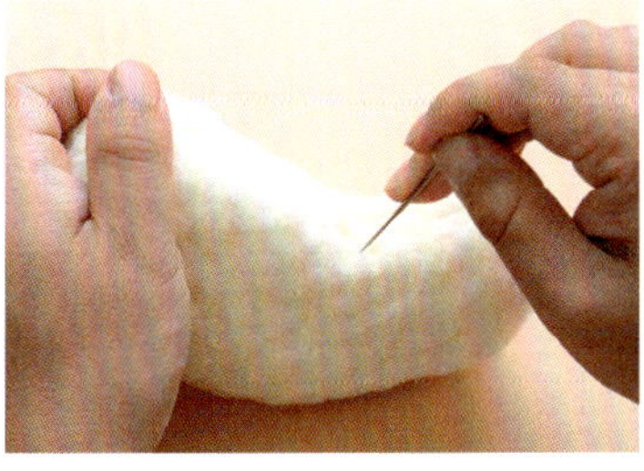

2 曲げた胴体を刺し留めます。まず内側を刺し留めてから、全体を刺して形を整えましょう。

3 太ももの真横に後ろ足をくっつける形で、太ももと後ろ足を接合します。

4 つなぎ目にニードルわたわたを足して、なじませます。

5 これが左足の完成形。向きに注意して、右の足も作っておきましょう。

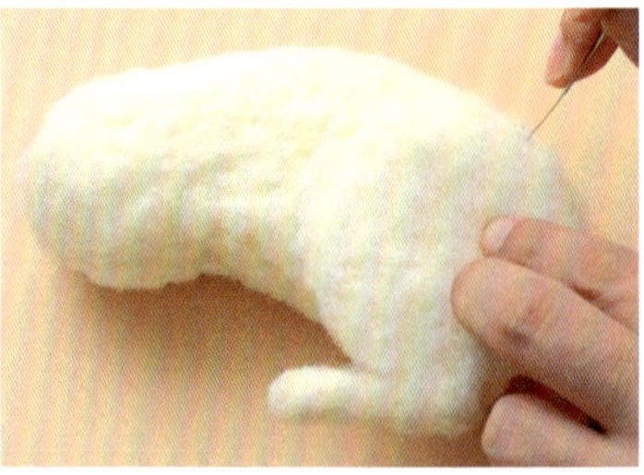

6 5で作ったパーツを胴体に留めます。後ろ足の向きが胴体と平行になるくらいの角度がよいでしょう。

7 ニードルわたわたを足して、つなぎ目をなじませます。

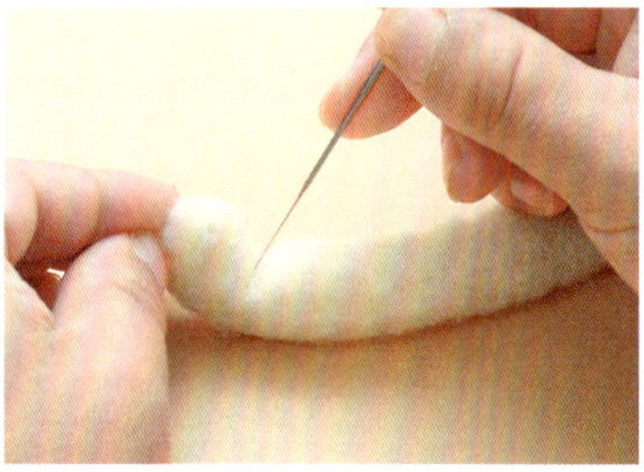

8 前足を作ります。先端1cmで曲げて、刺し留めます。

point

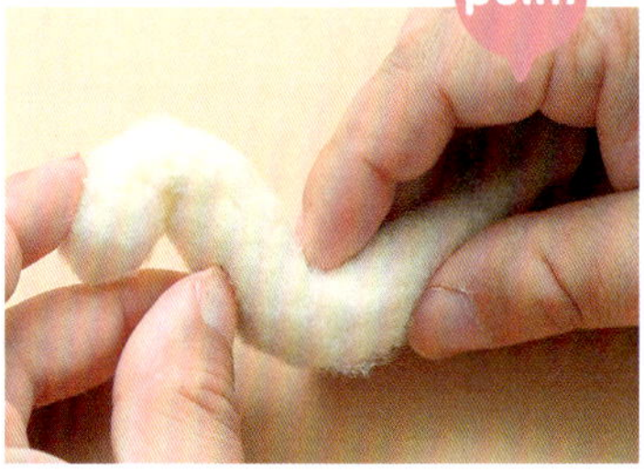

9 真ん中あたりで90°に折ります。招き猫の手を意識して、先端とは逆向きにします。左右とも同じように作ります。

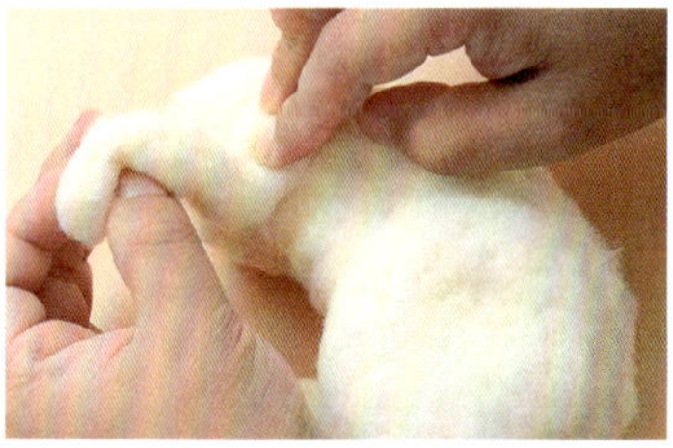

10 前足を胴体に接合します。肘が胴体に接するようにして、前足が横に開いた形にしましょう（人間でいう、手を広げた形です）。写真を参考にしてください。

11 つなぎ目にニードルわたわたを足します。

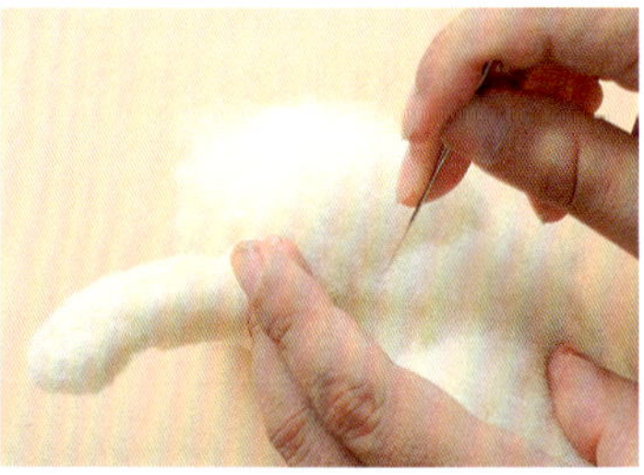

12 足したニードルわたわたを刺し固めて、周囲となじませます。

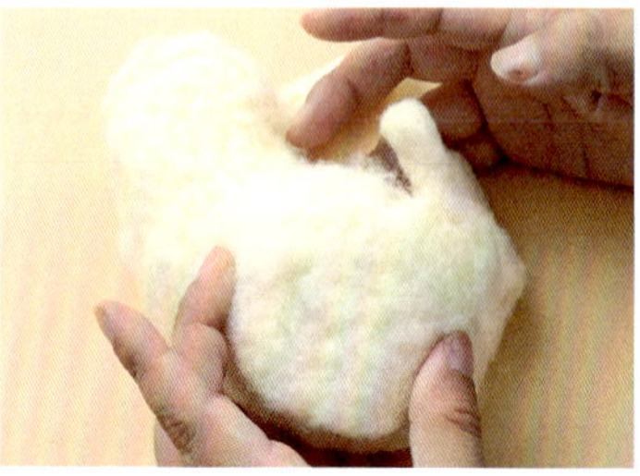

13 反対側の太ももと胴体を接合します。先ほどと少し後ろ足の角度をずらすと、かわいくなります。

14 形が決まったら刺し留めましょう。刺し留めたあと、ニードルわたわたを足してつなぎ目をなじませましょう。

point

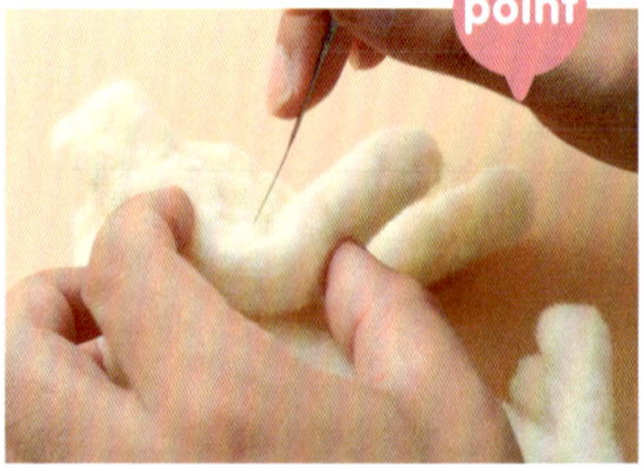

15 反対側の前足を接合します。先ほどの前足と互い違いにすると、かわいくなります。

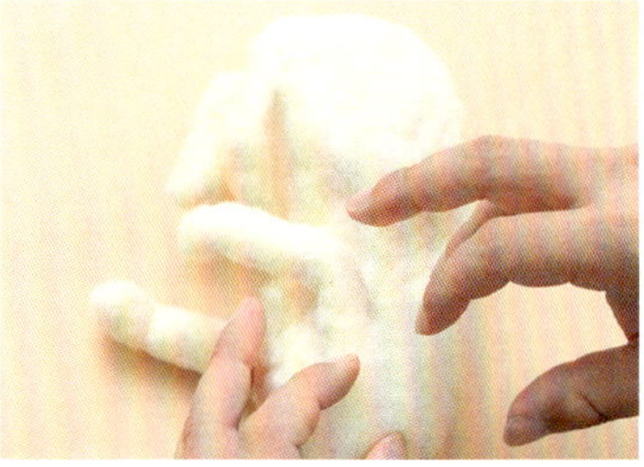

16 全体を見て、前足や後ろ足の角度の確認をしましょう。

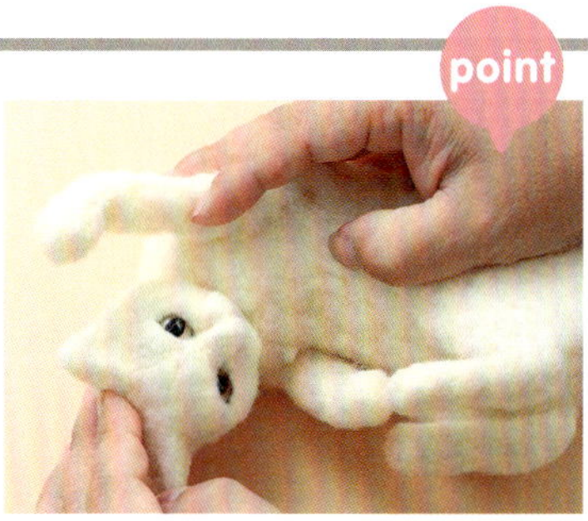

17 顔の位置を決めます。少し下を向かせるようにつけると、体全体が丸まった形になり、かわいいです。写真を参考にしてください。

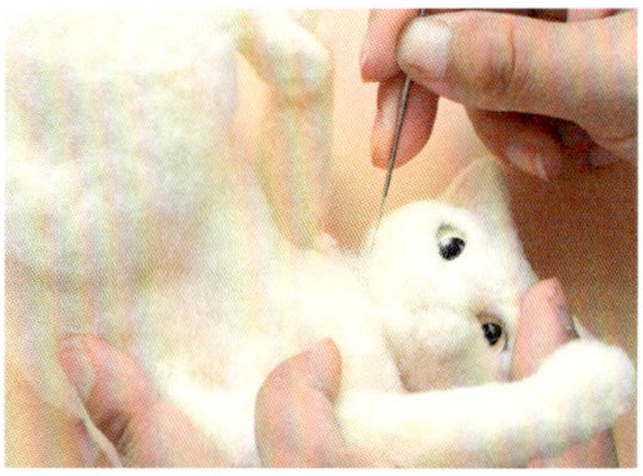

18 形が決まったら、顔を刺し留めます。顔と胴体を貫通するように刺していきます。

19 首周りにニードルわたわたを足して、なじませていきます。

20 4本の足、顔がついたところ。足や顔の角度は自分の好みで変えてかまいません。シッポも好みの長さでつけましょう。

21 オレンジ系の「羊毛フェルト・ミックス（No.201）」とブラック系の「羊毛フェルト・ソリッド（No.9）」で、P32を参考に、羊毛わたを作ります。ぶちの数だけ作っておきましょう。

22 黒ぶちをつけたい場所に、先ほどの羊毛わたを刺し留めていきます。つける時は、羊毛わたの端を折ってフチを作るように。

23 黒ぶちの位置は自分の好きな場所でかまいません。

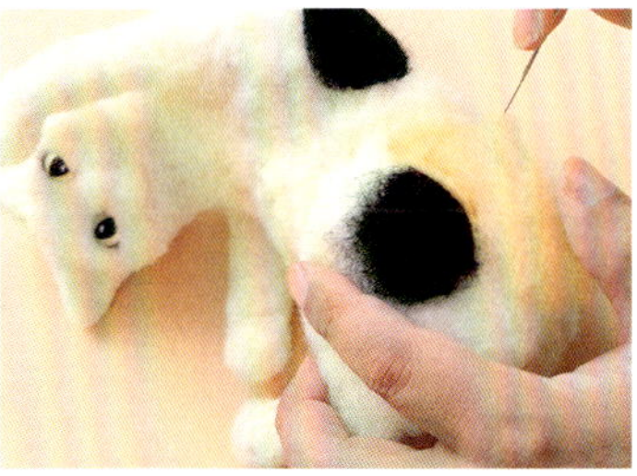

24 黒ぶちの間にオレンジのぶちを入れてみましょう。楕円形など、形を崩してみると本物の猫に近くなります。

25 ぶちの位置は決まっていないので、好きなようにつけてみましょう。

テーマ 7

白猫 × 2本足立ち

何かをおねだりする時、
何かに興味を示した時、
まるで人間のように
2本足で立つ猫もいますよね。
ちょっとやんちゃな
猫に多い仕草です。
今回はそんな猫の仕草を
白猫で作ってみましょう。

用意するもの

●顔

●胴体／
長さ 14cm、
前の幅 5cm、
後ろの幅 6cm

【ベース制作用パーツ】

●前足×２本／
長さ 10cm、
直径 2cm

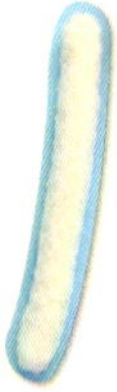

●シッポ／
長さ 20cm、直径 2cm

●後ろ足×２本／
長さ 10cm、直径 2cm
●太もも×２枚／
直径 5cm

※写真は、後ろ足と太ももを接合済みです。接合の仕方は P50 を参考にしてください。

【毛並み用】

●羊毛フェルト・ソリッド（No.1）／
1束

作り方

point

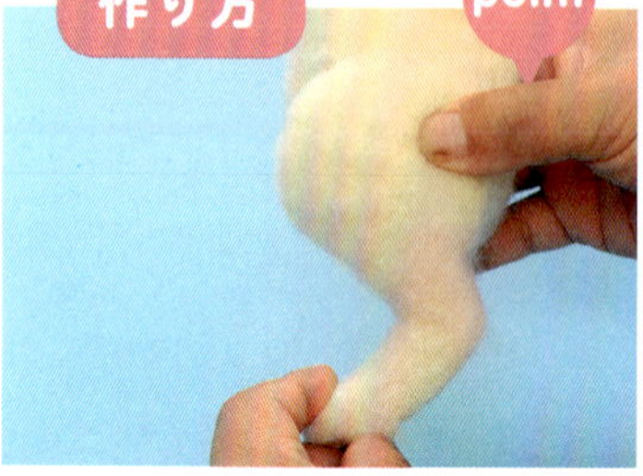

1 後ろ足の位置を決めます。かかとに重心がかかるようにしましょう。

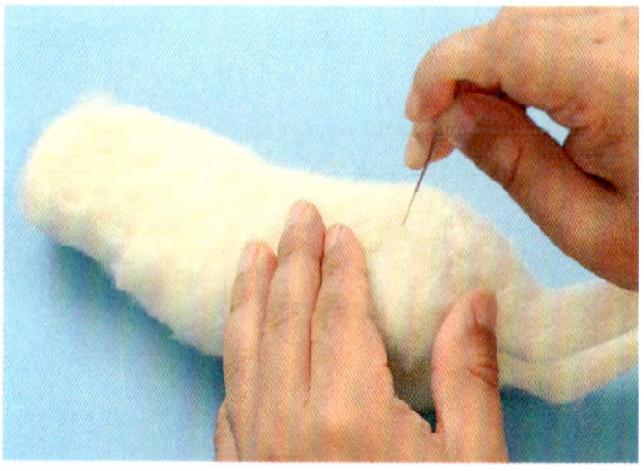

2 位置が決まったら、後ろ足を刺し留めます。接合後、つなぎ目にニードルわたわたを足してなじませます。

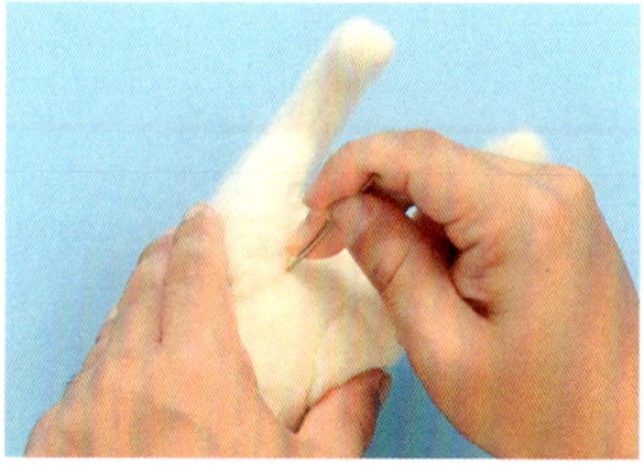

3 足の内側もしっかり刺し留めましょう。

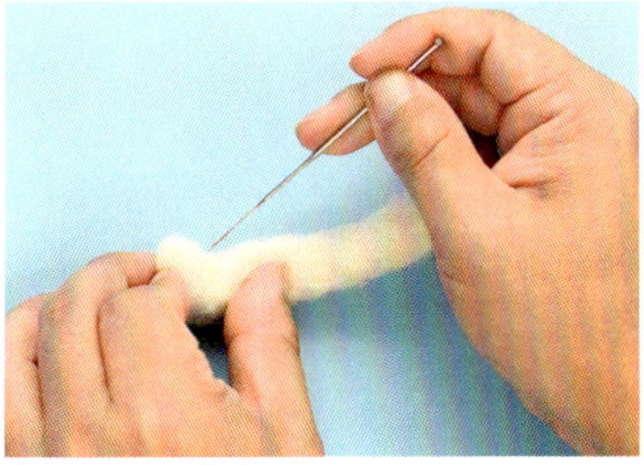

4 前足の先端1cmを曲げて、刺し留めます。

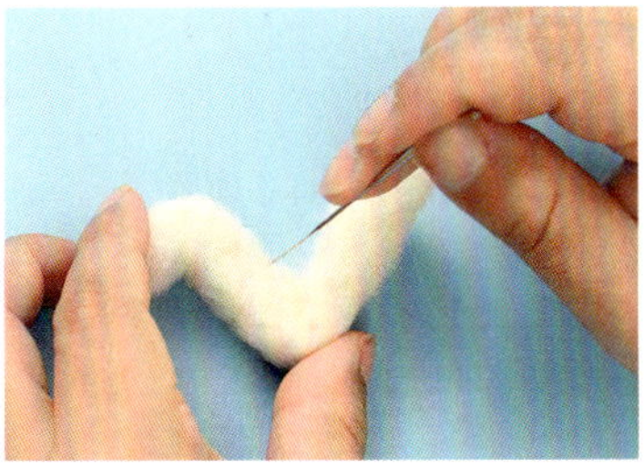

5 前足の真ん中で90°に折って刺し留めます。左右とも同様に。

6 前足を胴体に接合します。肘が胴体に沿うような位置がベスト。写真を参考にしてください。

7 位置が決まったら刺し留めます。その後、つなぎ目にニードルわたわたを足してなじませましょう。

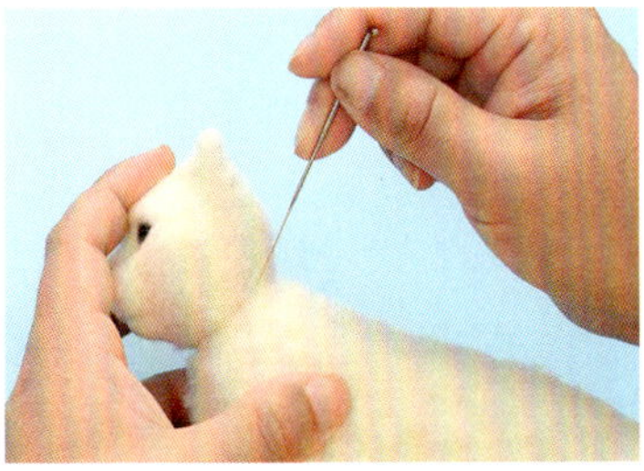

8 頭の位置を決めます。視線が真上を向いたほうがかわいいです。

9 位置が決まったら、首を刺し留めます。その後、首周りにニードルわたわたを足してなじませます。

point

10 体につける方のシッポの先をハサミで切り割り、のりしろを作ります。シッポはしっかり巻いて固めに作っておきましょう。

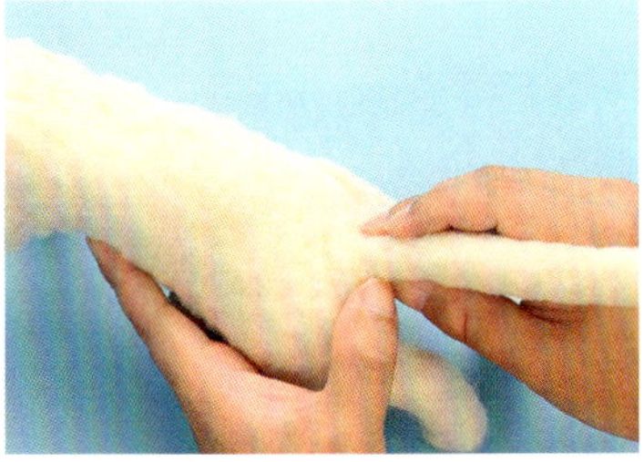

11 背骨に沿うようにして、のりしろ部分を開いてお尻につけ、シッポを接合します。

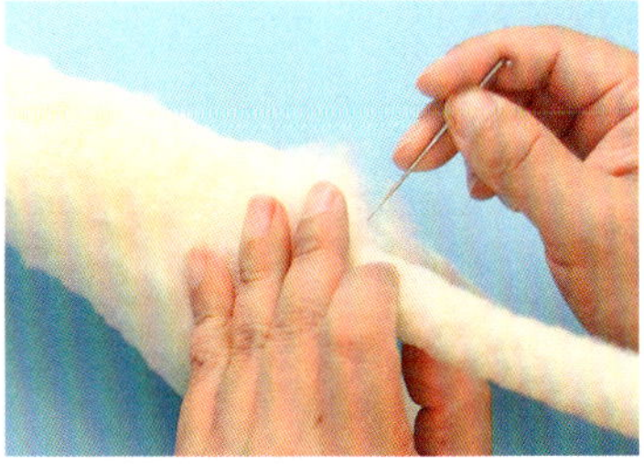

12 つなぎ目にニードルわたわたを足して、なじませます。うまくつければ、後ろ足とシッポで立たせることができます。

13 全身に羊毛フェルト・ソリッド（No.1）を刺し留めていきます。詳しい貼り方はP66の「白黒ハチ割れ猫×4本足立ち」を参考に。

テーマ 8

キジ白猫×伸び

猫のリラックスポーズといえば、
体をぐ～んと伸ばした、
気持ちよさそうな伸び。
くつろいだ顔に、
見ているこちらも
ほっこりしてしまいます。
人気のキジ白柄で
伸び猫を作ってみましょう。

用意するもの

【ベース制作用パーツ】

● 顔

● 胴体／
長さ 14cm、
前の幅 5cm、
後ろの幅 6cm

● 太もも × 2 枚／
直径 5cm

● 前足 × 2 本／
長さ 10cm、
直径 2cm

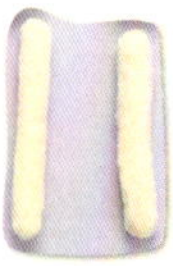

● 後ろ足 × 2 本／
長さ 10cm、
直径 2cm

● シッポ／長さ 10cm、
直径 2cm

【毛並み用】

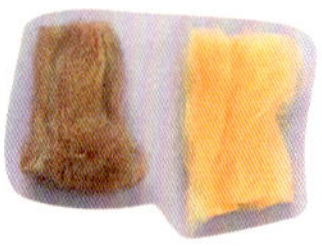

● 羊毛フェルト・
ナチュラルブレンド
(No.804、No.832)
／各 1 束

● 羊毛フェルト・
ソリッド (No.9)／
1 束

作り方

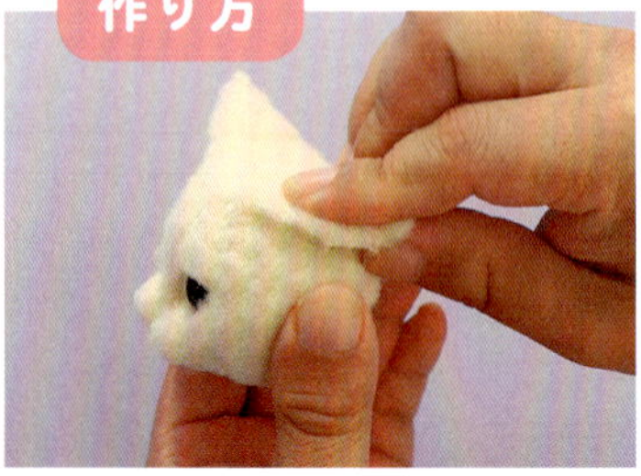

1 耳の中心を持って、後ろに倒します。輪郭が崩れないように注意しましょう。

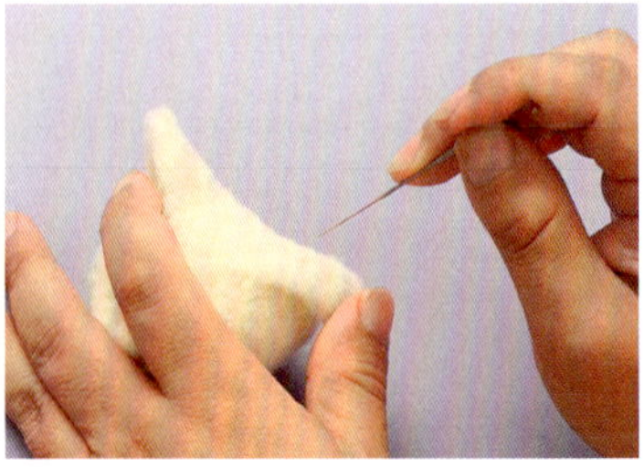

2 形が決まったら、折れた形で刺し留めます。

point

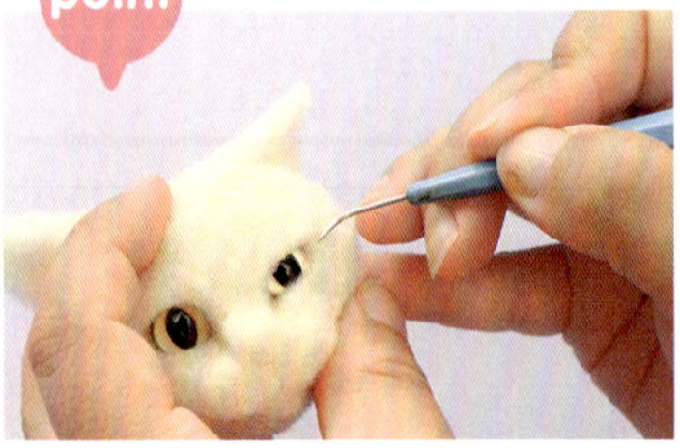

3 スパチュラを使って、目の上の羊毛を引っ張っておろしていきます。これで目が閉じたように見えます。あまり引っ張りすぎると輪郭が崩れるので注意。

point

4 前足の先端1cmを曲げて刺し留めます。写真のように、猫手を意識して先端を少しふくらませて刺し留めましょう。

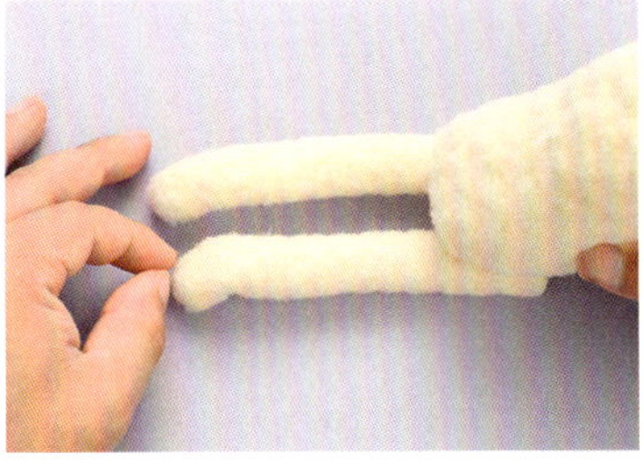

5 左右の前足を、足1本分の間を開けて、胴体の下に敷くような形で配置します。

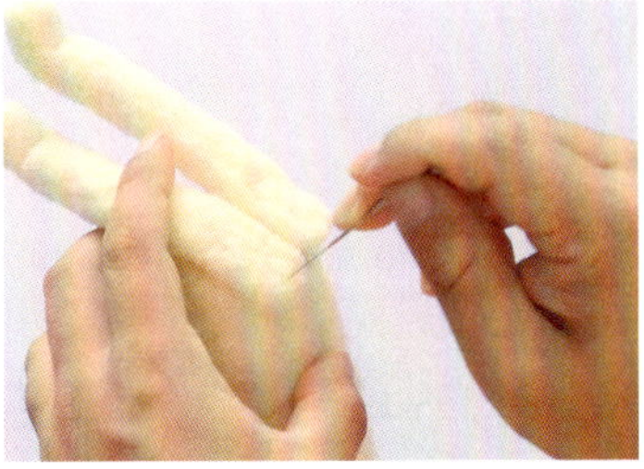

6 足から胴体に貫通させるような形で、刺し留めます。

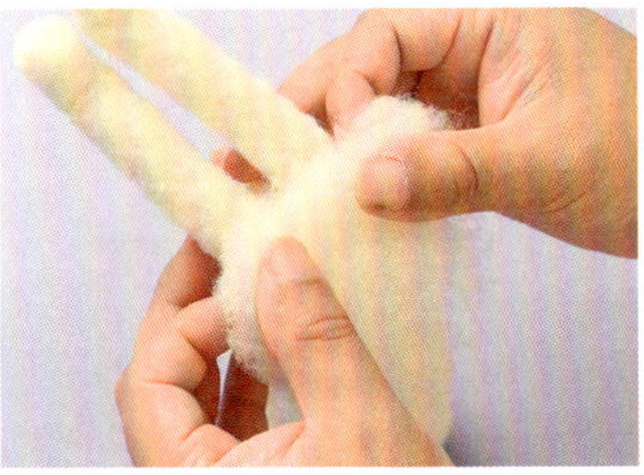

7 胸元から前足にかかる形でニードルわたわたを足して、つなぎ目をなじませます。

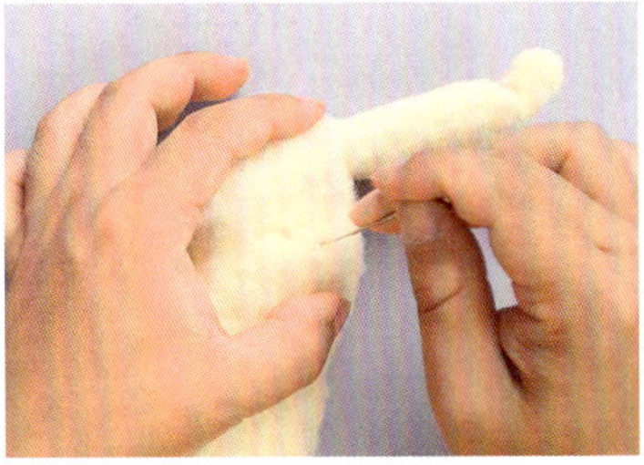

8 体の裏側にもニードルわたわたを足して、なじませていきましょう。

9 太ももと後ろ足をつなげます（詳しいつなぎ方はP50）。両足分作っておきます。

point

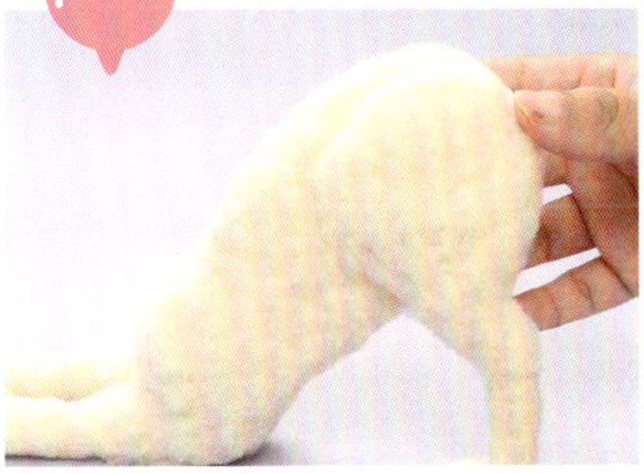

10 胴体に太もも+後ろ足をつなぎます。お尻のラインと合わせて、かかとがまっすぐ。お尻の体重が後ろ足に乗るようにしましょう。

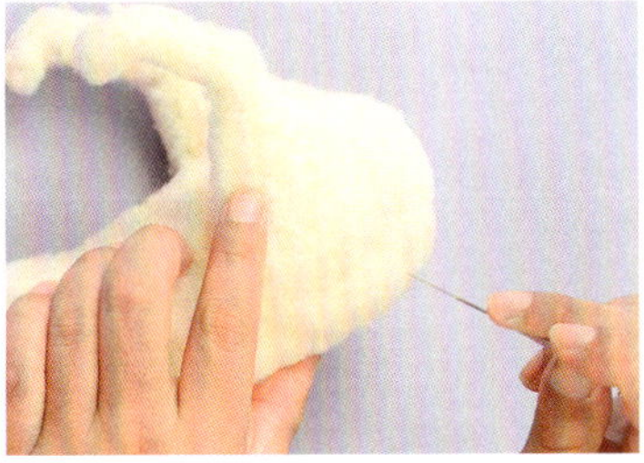

11 位置が決まったら、太もも+後ろ足を接合します。足から胴体に貫通させる形で刺し留めます。

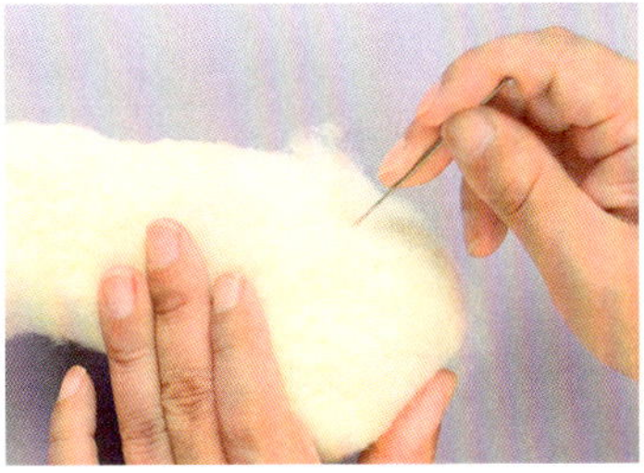

12 つなぎ目にニードルわたわたを足して、なじませます。

13 顔の位置を決めます。両前足の上に顔が乗る形がよいでしょう。

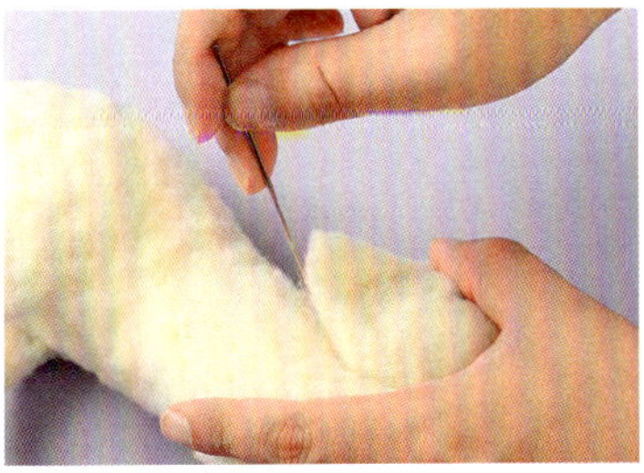

14 顔から胴体に貫通させる形で刺し留めます。

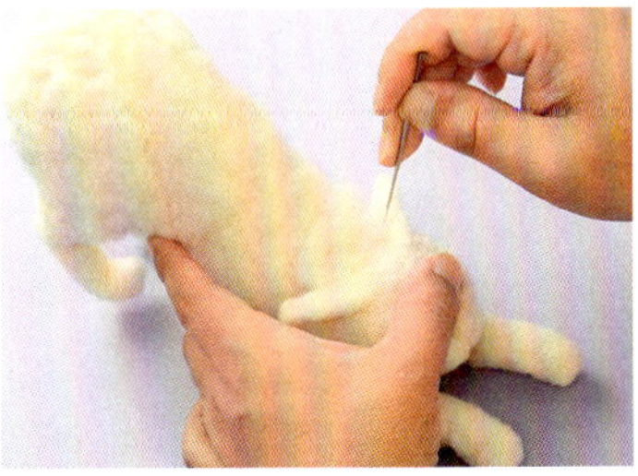

15 首周りにニードルわたわたを足して、なじませましょう。

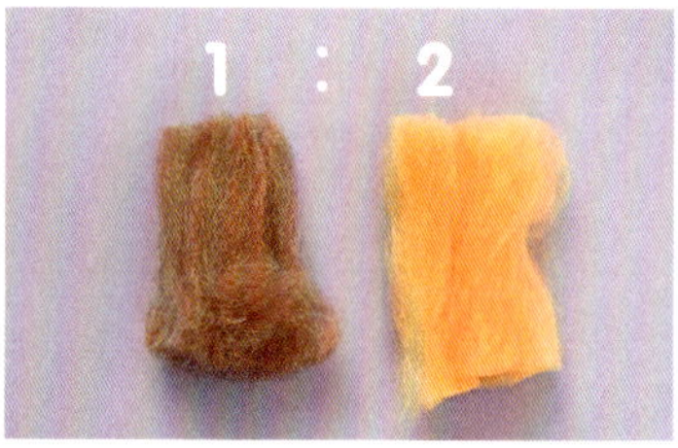

16 混毛して、ぶち用の毛色を作ります。羊毛フェルト「ナチュラルブレンド(No.804)」と「ナチュラルブレンド(No.832)」を1：2の割合で用意します。

17 2色の羊毛フェルトを混毛していきましょう（混毛の詳しい方法はP89へ）。左上が混毛した状態です。

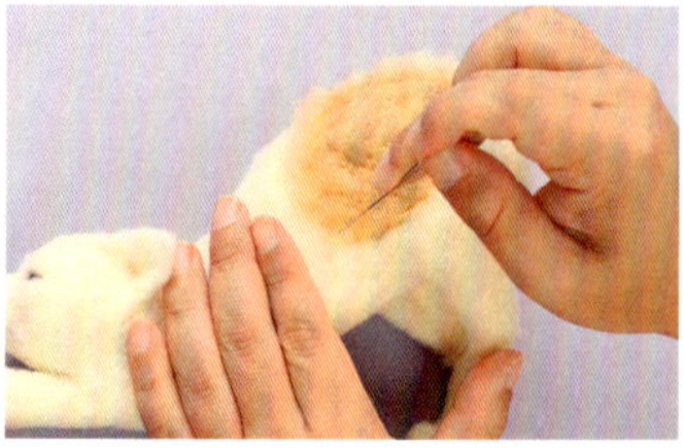

18 混毛した羊毛わたを適量取り、ぶちを入れたい場所に刺し留めましょう。その際、羊毛わたの端を丸く折って、フチをはっきり作っておくとよいです。

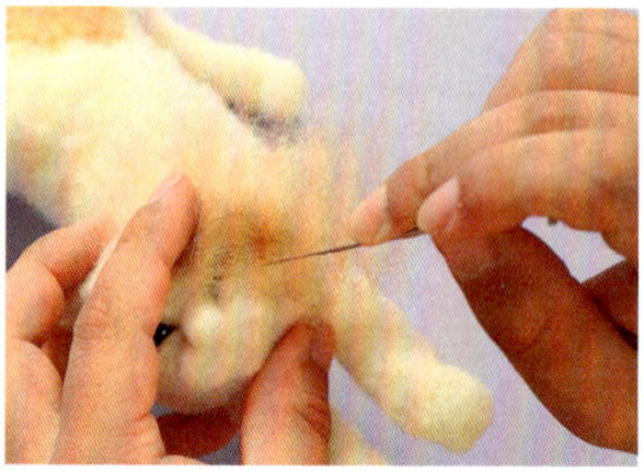

19 顔にもぶちを作ります。端を折って直線のフチを作ってから刺し留めましょう。

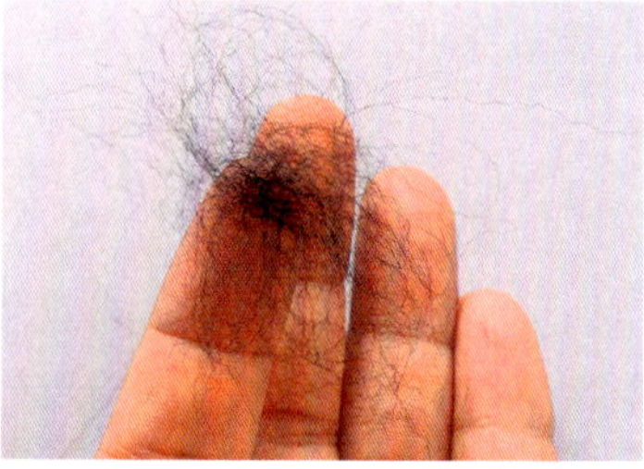

20 中留め式（P89）でトラ模様を作ります。「羊毛フェルト・ソリッド(No.9」で羊毛わたを作り、少量を手に取ります。

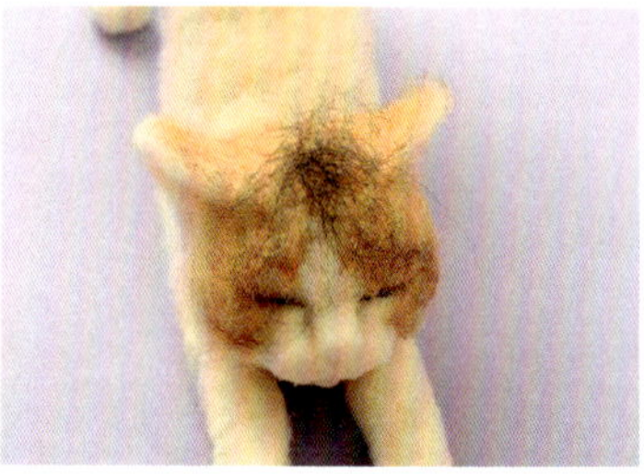

21 トラ模様を作りたい頭頂部に羊毛わたを置きます。

22 真ん中だけを深く刺し留めます。ラインが1本できます。

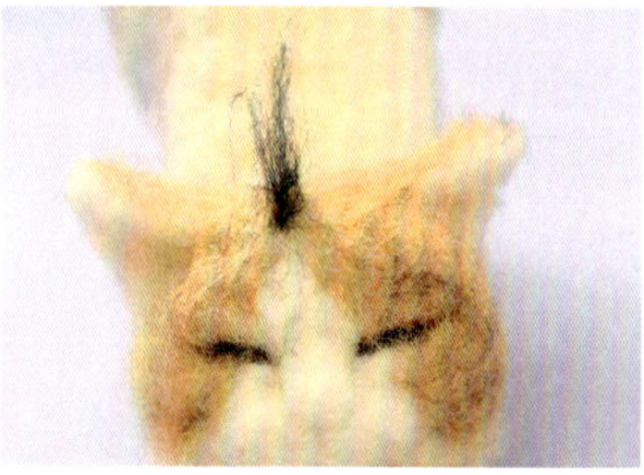

23 あまった羊毛わたを完全に立たせます。

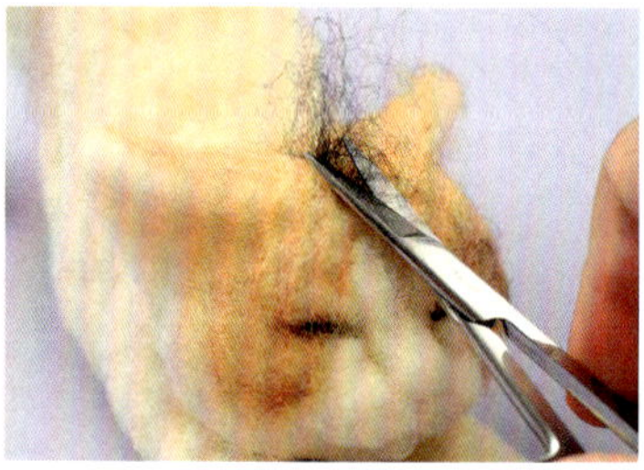

24 立たせた羊毛わたをハサミでカットしましょう。

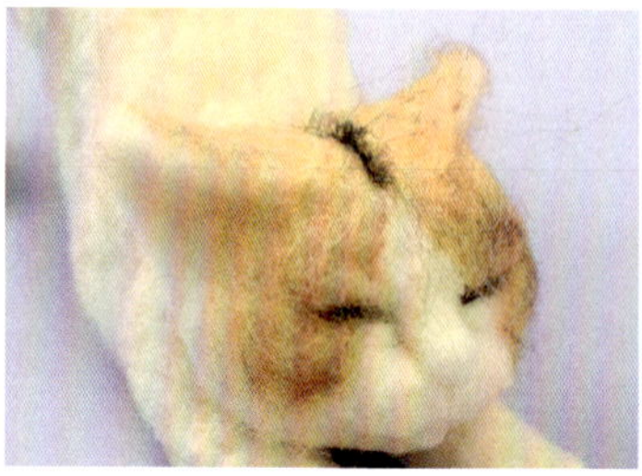

25 トラ模様の完成です。模様を入れたい場所に同じことを繰り返していきましょう。

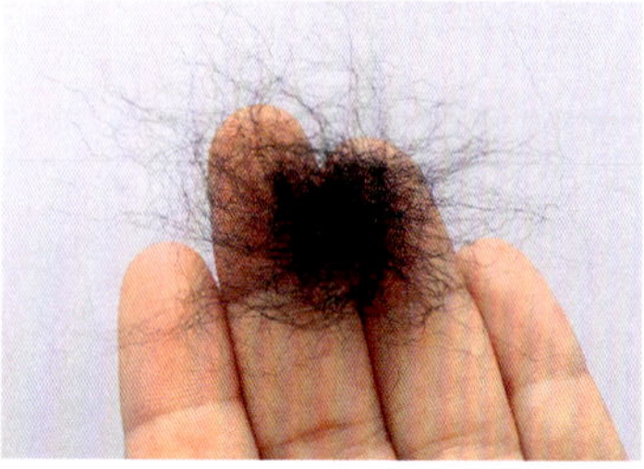

26 耳には、少し多めの羊毛わたを置きます。端を折ってフチを作ってから耳のラインに合わせましょう。

27 置いた羊毛わたを刺し留めていきましょう。両耳とも同様に。

point

28 胴体も同じように模様を入れていきます。入れたい箇所に少量の羊毛わたを置き、中心だけを深く刺します。ラインの横幅を頭頂部よりも太くしましょう。

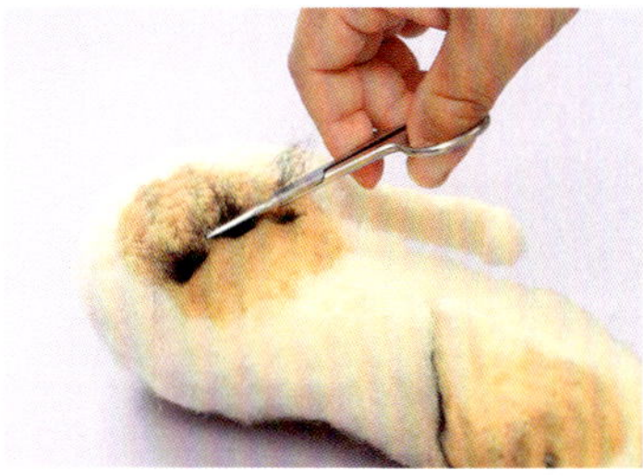

29 あまった羊毛わたを完全に立たせて、ハサミでカット。

30 トラ模様が1列に入りました。

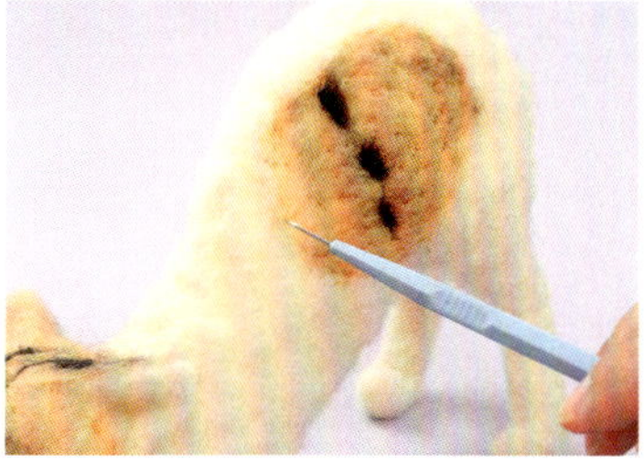

31 スパチュラでひっかいて、毛並みを表現しましょう。

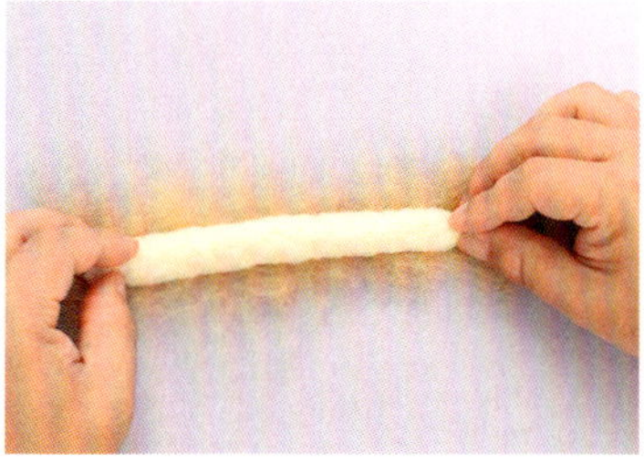

32 シッポのベースに、先ほど混毛した羊毛わたを巻いていきます。

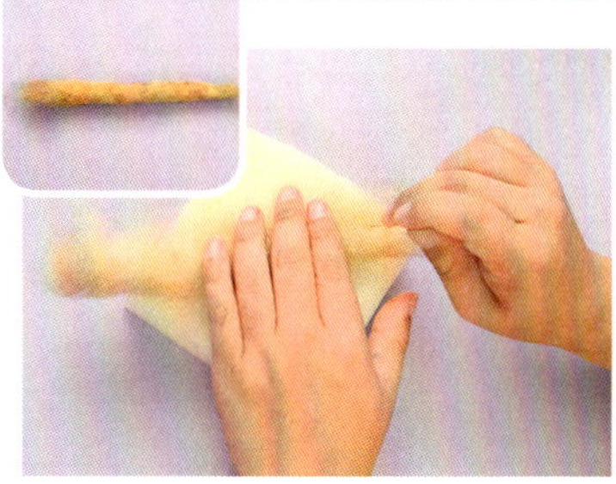

33 羊毛わたを刺し留めましょう。左上が全体を刺し留めた形です。

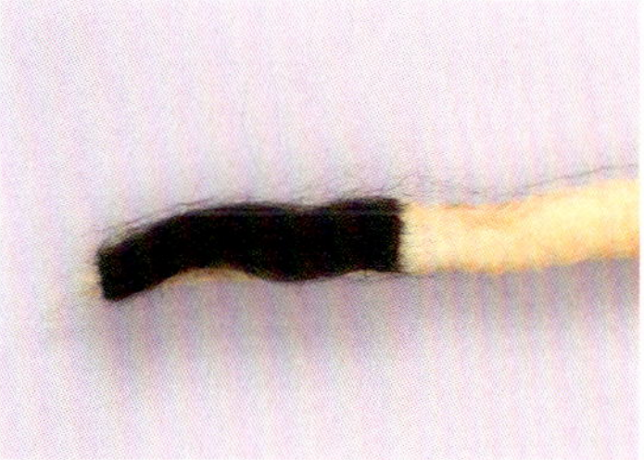

34 33の上に「羊毛フェルト・ソリッド（No.9）」を刺し留めます。まずはシッポの先端から半分くらいまで。

35 続いて、シッポの真ん中あたり、シッポの根元あたりと順々に黒い羊毛フェルトを刺し留めていきます。毛並みを出すために、3段階に分けています。

36 裏側にして、シマを入れたい部分に「羊毛フェルト・ソリッド（No.9）」を刺し留めます。

37 スパチュラで毛並みをなじませてから、胴体と接合しましょう。接合の方法はP53へ。

テーマ 9

長毛猫（ラグドール）×振り返り

ゴージャスな雰囲気の長毛猫。
一見すると毛並みを作るのが
大変そうですが、
実は短毛種よりも
楽ちんに作れてしまうのです。
かわいい振り返りポーズで、
長毛種の作り方を
確認してみましょう。

用意するもの

【ベース制作用パーツ】

●顔

●胴体／
長さ 14cm、
前の幅 5cm、
後ろの幅 6cm

●前足×２本／
長さ 10cm、
直径 2cm

●後ろ足×２本／
長さ 5cm、
直径 2cm

●シッポ／
長さ 20cm、
直径 2cm

●太もも×２枚／
直径 5cm

【毛並み用】

●羊毛フェルト・
ソリッド（No.1）／
1束

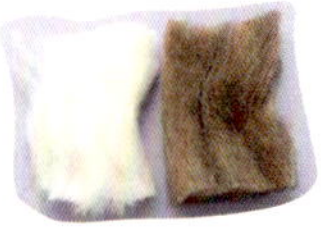

●羊毛フェルト・
ナチュラルブレンド
（No.801、No.804）
／各1束

作り方

1 太ももに後ろ足をつけます。位置は写真を参考にしてください。左足の完成です。

2 つなぎ目にニードルわたわたを足して、なじませます。左足と対称になるように、右足も作っておきます。

3 胴体に太もも＋後ろ足を接合しましょう。お座りと同じように、後ろ足が胴体から少し後ろにはみ出る程度がベスト。左右とも刺し留めます。

4 胴体とのつなぎ目にニードルわたわたを足し、なじませます。

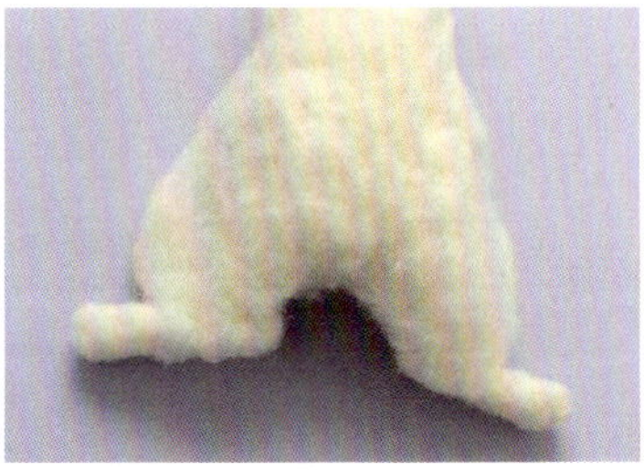

5 左右の後ろ足を、手で横に開かせます。写真の状態を目指してください。

point

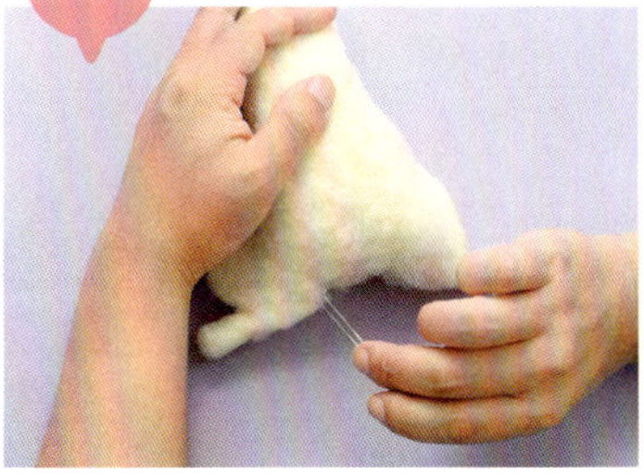

6 開かせた後ろ足を刺し固めます。まず内側（お腹側）のつなぎ目を刺し留め、次にお尻側から胴体に貫通するように刺していきましょう。

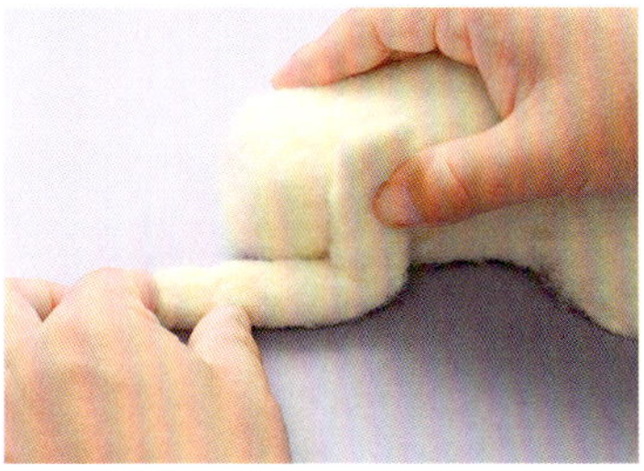

7 前足を胴体と合わせます。肘が床につく位置がベストです。先端1cmも上向きに曲げて刺し留めておきましょう。

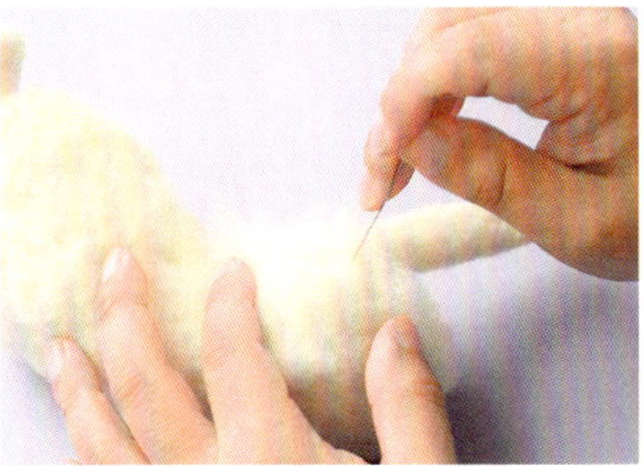

8 胴体に前足を刺し留めたあと、ニードルわたわたを足してなじませます。

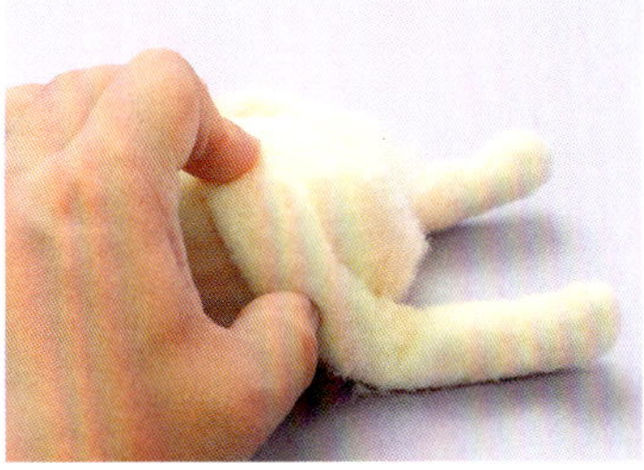

9 反対側の前足も接合しましょう。

10 形を確認後、つなぎ目をニードルわたわたでなじませます。胸元も足してなじませていきましょう。左上が4本の足が接合された状態です。

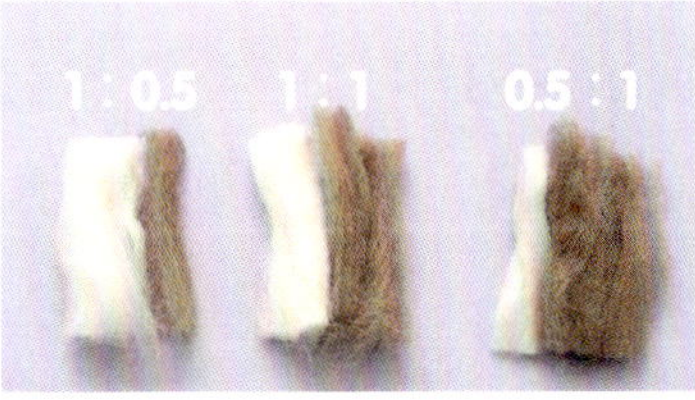

11 「羊毛フェルト・ナチュラルブレンド（No.801）」と「羊毛フェルト・ナチュラルブレンド（No.804）」を写真のように分けます。それぞれを混毛して、3色の羊毛わたを作ります。

point

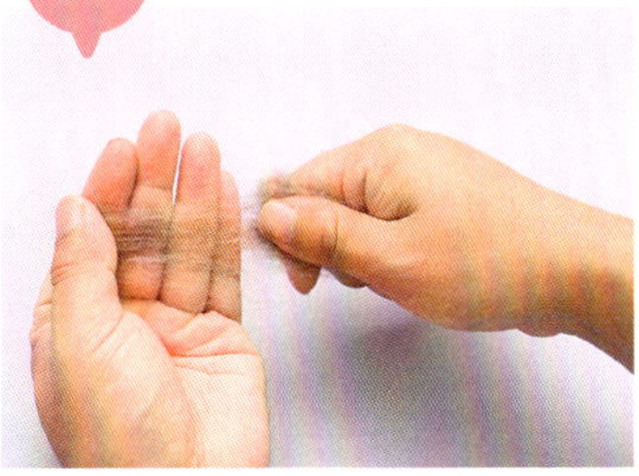

12 混毛した羊毛わたを適量手に取り、一定方向に梳いていきます。これで毛の向きをそろえていきます。

13 これが、羊毛わたを一定方向に梳いて、毛の向きをそろえた状態です。

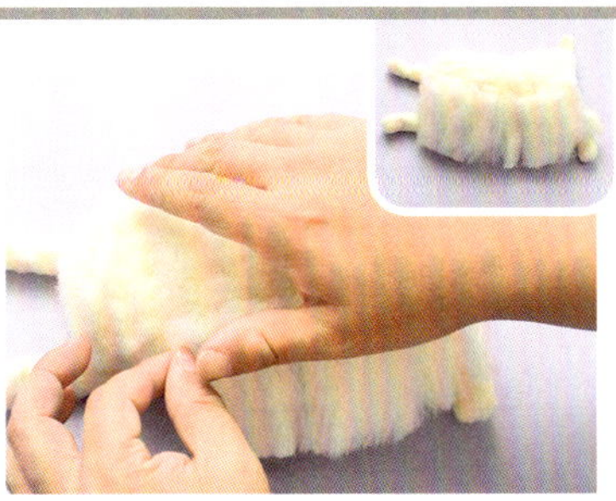

14 胴体の側面に「羊毛フェルト・ソリッド（No.1）」を刺し留めます。上部だけ留め、下はヒラヒラしたままでOK。右上のようになります。

15 先ほど混ぜた毛の中で、一番薄い毛色を刺し留めていきましょう。毛並みの向きは、上から下を意識してください。

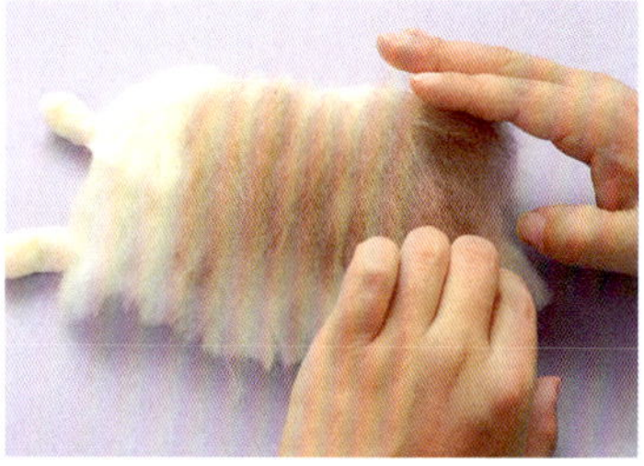

16 先程留めた、一番薄い色の少し上を意識して、中間色を刺し留めていきます。

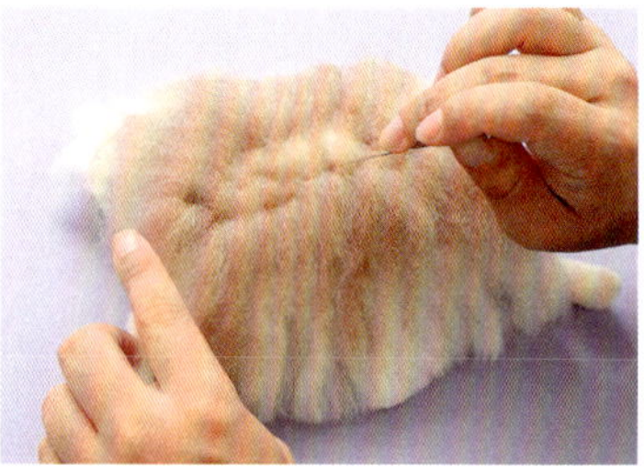

17 背中の真ん中から両サイドに垂らすイメージで、刺し留めていきましょう。

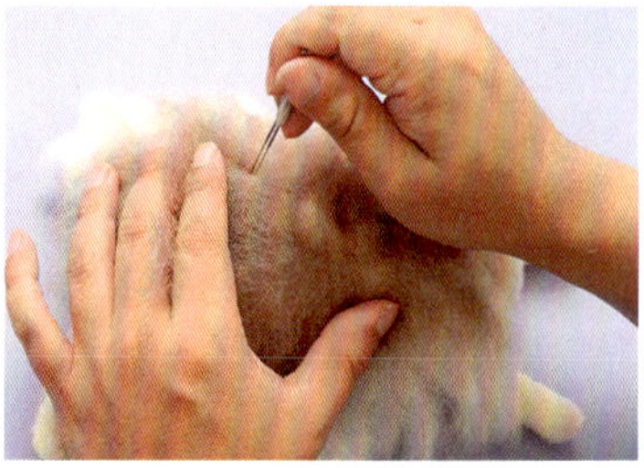

18 背中の中心部に一番濃い色を刺し留めます。

point

19 これで写真のように、下から上に、薄い色→中間の色→濃い色とグラデーションができたはずです。

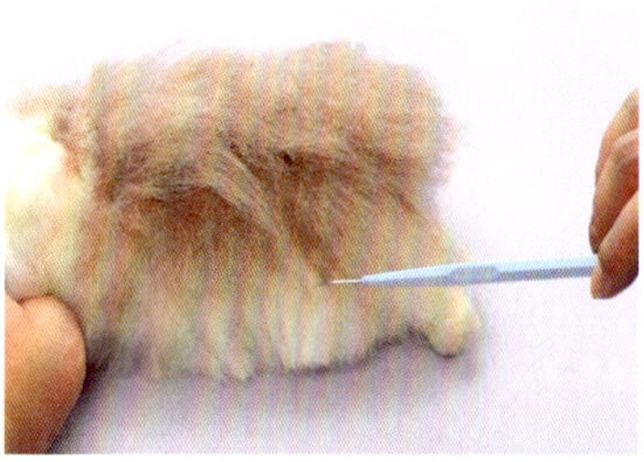

20 スパチュラを使って、毛並みを整えましょう。

21 11と同じように混毛して、顔用の羊毛わたを適量作っておきます。

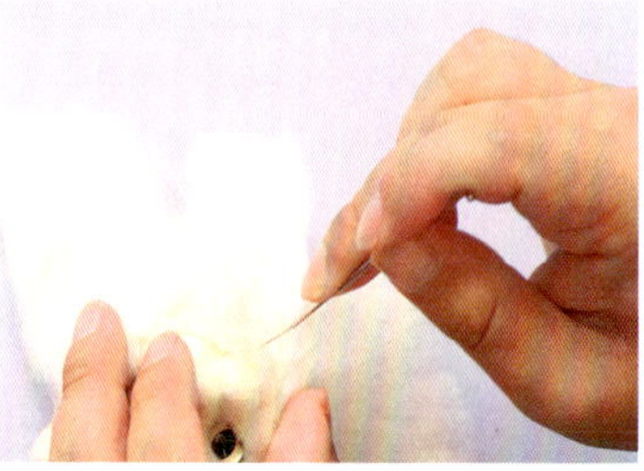

22 顔の側面から首方向に向けて、「羊毛フェルト・ソリッド（No.1）」を刺し留めます。上部分だけ留めて、下はひらひらしたままでOK。

23 これが全体に留まった形です。

24 二番目に薄い色を目元に刺し留め、ハチ割れ模様を作ります。つける時に羊毛わたの端を折って直線のフチを作ると、きれいに留まりやすいです。

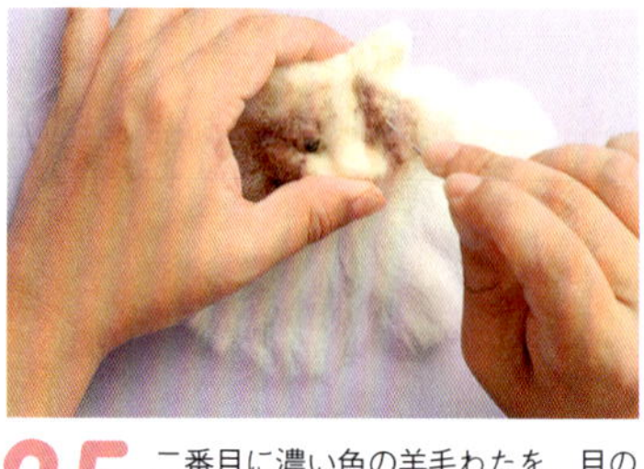

25 二番目に濃い色の羊毛わたを、目のフチに刺し留めます。目にかかった部分はハサミで切り取り、あまった羊毛わたは目の中に落とすように刺し留めましょう。

26 一番濃い色で左右の耳を包みます。耳の包み方はP58を参考にしてください。

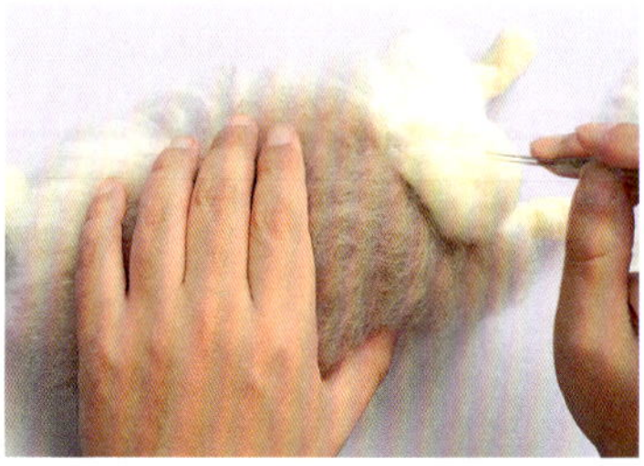

27 ニードルわたわたを丸めて、首を作ります。首の作り方はP53を参考にしてください。

point

28 首に顔を乗せて、顔の位置を決めます。振り返りポーズなので、視線が背中のほうを向くようにしましょう。

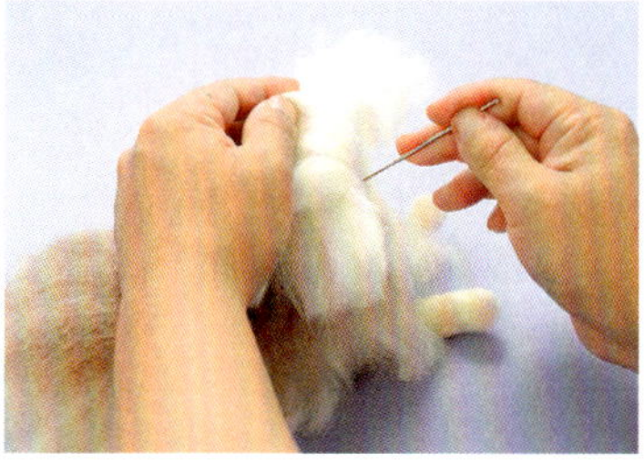

29 位置が決まったら、首と顔をつなげます。

30 3段階に分けて、シッポに「羊毛フェルト・ソリッド（No.1）」を巻き留めていきます。顔と同じように、混毛＆方向をそろえた羊毛わたを、数色作っておきましょう。

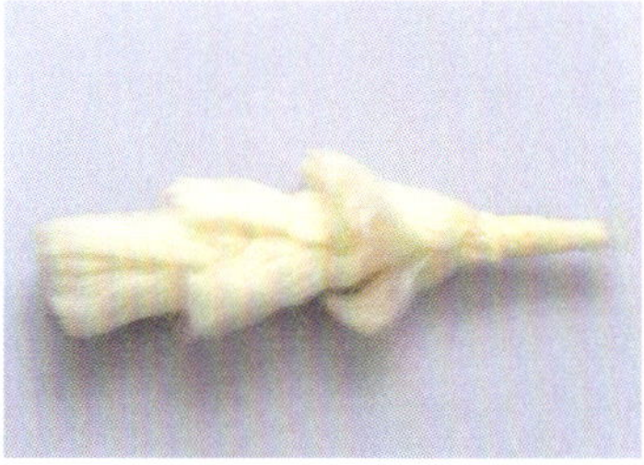

31 3段階に分けて羊毛フェルトを刺し留めると、こんな形になります。

32 シッポの先端部分に、一番薄い色の羊毛わたを刺し留めます。

33 シッポの根元に向けて、だんだん濃い色が来るように羊毛わたを重ねていきます。

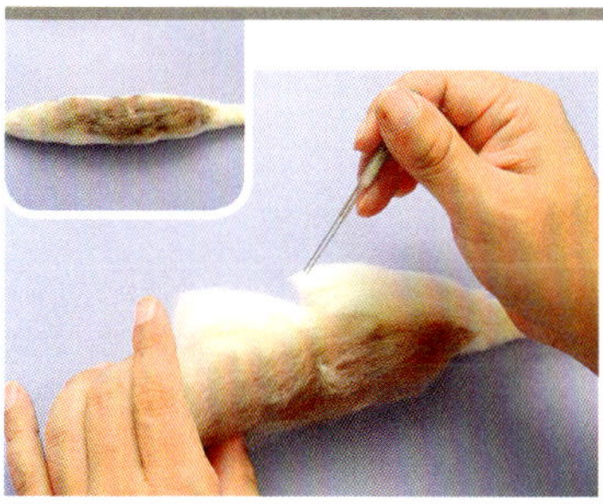

34 だんだんになっている羊毛フェルトを刺し固めていきましょう。左上が全体を刺し固めた状態です。このあと、スパチュラで毛並みを整えます。

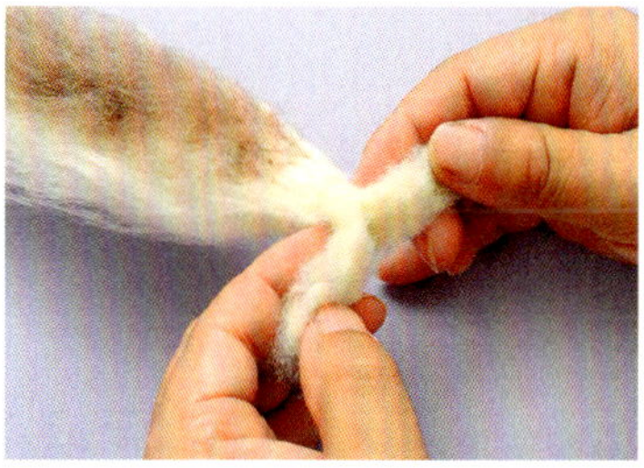

35 シッポの根元側をハサミで切って、のりしろを作ります。

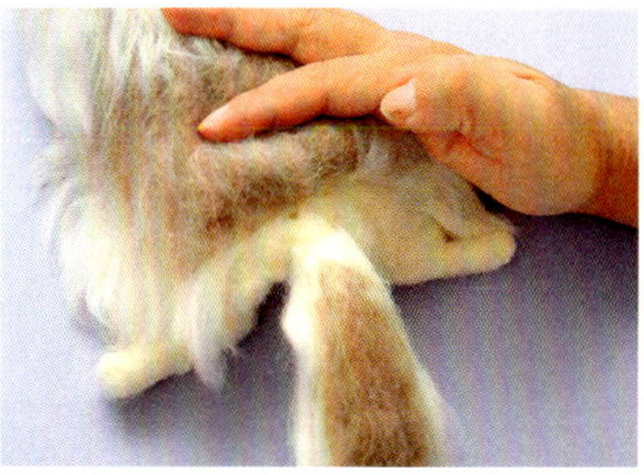

36 体の上にかぶせた毛を持ち上げ、背骨のラインに沿うようにシッポを接合しましょう。

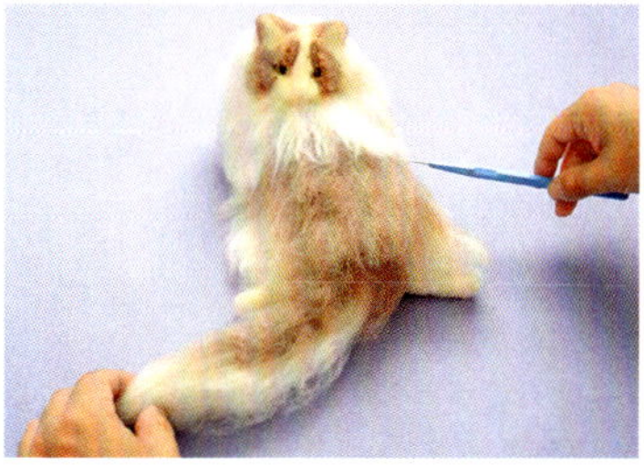

37 全体の毛並みを整えて、長毛のふんわり感を出します。

カンタン
ゴージャス♪

テーマ 10

長毛猫（ノルウェージャン・フォレストキャット）×お座り

ふわふわの長毛猫が
ちょこんと座っている姿は、
ぬいぐるみのように
愛らしいですね。
ちょっとおすましした表情の、
お座り長毛猫さんを
作ってみましょう。

用意するもの

【ベース制作用パーツ】

●顔

●胴体／
長さ 14cm、
前の幅 5cm、
後ろの幅 6cm

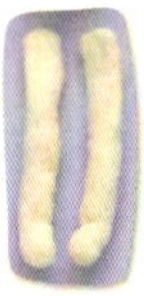

●前足×２本／
長さ 10cm、
直径 2cm

●後ろ足×２本／
長さ 5cm、
直径 2cm

●シッポ／
長さ 20cm、
直径 2cm

●太もも×２枚／
直径 5cm

【毛並み用】

●羊毛フェルト・
ソリッド（No.1）／
１束

●羊毛フェルト・
ソリッド（No.9）／１束
●羊毛フェルト・
ナチュラルブレンド
（No.805、No.804）／
各１束

作り方

1 「羊毛フェルト・ソリッド（No.9）」と「羊毛フェルト・ナチュラルブレンド（No.805）」、「羊毛フェルト・ナチュラルブレンド（No.804）」の3色を、0.5:1:2の割合で混毛しておきます。

2 P46を参照に、お座りした猫（前足を胴からやや離し気味で）を作ります。胴体のサイドに「羊毛フェルト・ソリッド（No.1）」を刺し留めます。上部分だけ刺して、下はひらひらのままでOK。

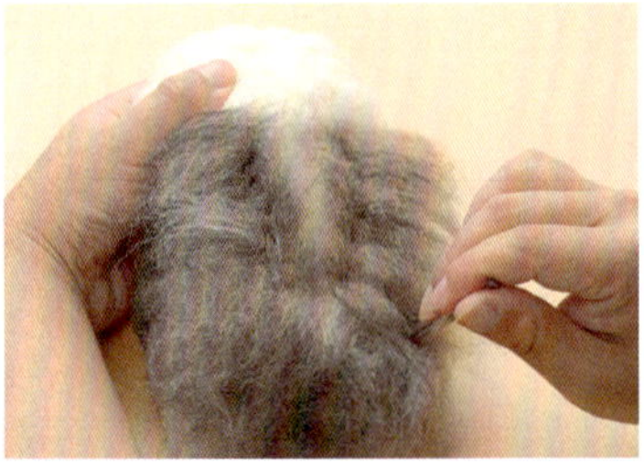

3 混毛した羊毛を、刺し留めていきます。P79の15からを参考に、下から上に向かって重ねるようにしていきましょう。

point

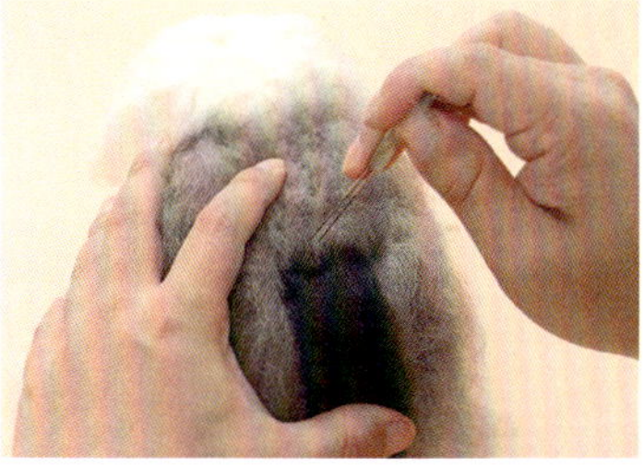

4 背中の真ん中に「羊毛フェルト・ソリッド（No.9）」を刺し留めます。まず、背中の真ん中からお尻にかけて1回、刺し留めます。

5 次に、首元から中の真ん中で1回刺し留めていきます。これで毛並みを表現します。

6 P80を参考に、顔のサイドに「羊毛フェルト・ソリッド（No.1）」を刺し留めていきます。片方の頬に、混毛した羊毛フェルトを刺し留めます。

7 もう片方の頬、額、耳の裏にも刺し留めます。写真のようなヘルメット状態になればOK。

8 胴体と顔を接合します。真正面ではなく、体の横を向いた形でつなげましょう。

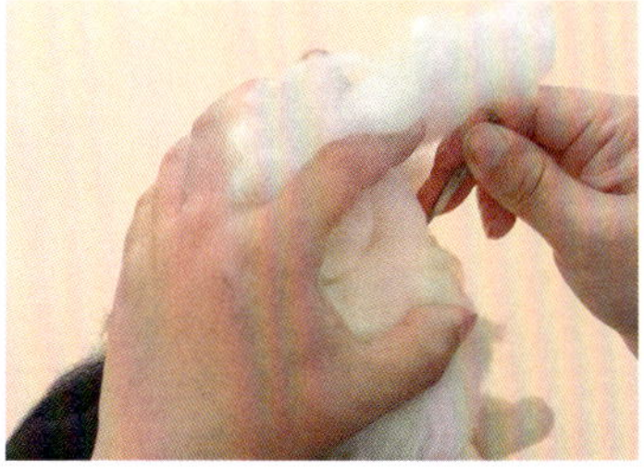

9 顔が低くなり過ぎるようだったら、首を作ります。首の作り方はP53を参考に。首と顔を接合します。

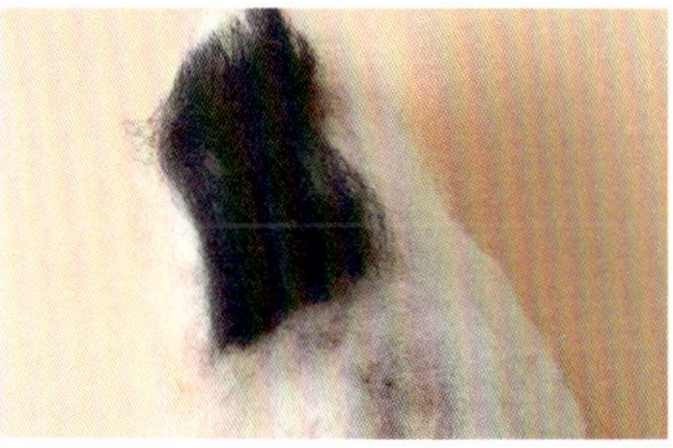

10 P81と同じように、シッポに「羊毛フェルト・ソリッド（No.1）」を3段階に分けて巻きます。その上に混毛の羊毛フェルトを刺し、さらに「羊毛フェルト・ソリッド（No.9）」を乗せて刺し留めます。

11 スパチュラで毛並みを整えます。

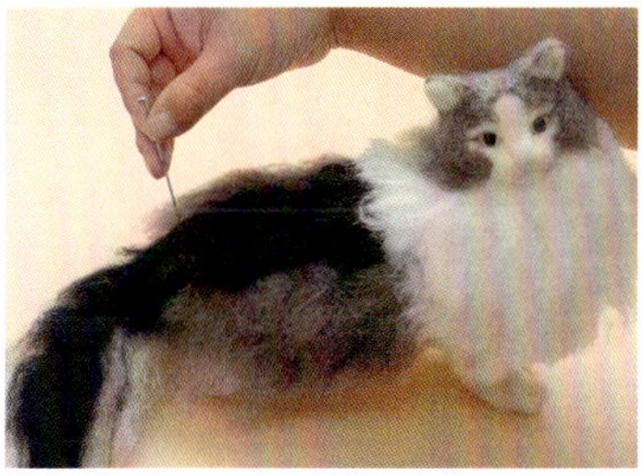

12 胴体とシッポを接合します。背骨のラインに合わせるようにしましょう。

13 中留め式植毛（P89）で頭頂部にトラ模様を作っていきましょう。

シッポは
長めにね

Column 3

記憶の猫と実存する猫の違い ——

猫人形を作っていると、おもしろいなと思うことがいろいろあります。例えば、写真そっくりに作っても飼い主さんからOKをもらえないことがあります。なぜかというと、猫は飼い主さんにしか見せない表情があるからです。写真の猫は目が細くつり上がっているけど、飼い主さんの前では目がくりくりの甘えた表情ですり寄ってくる。飼い主さんには、このかわいい愛猫の姿が強く記憶に植えつけられているので、写真通りに作っても「違う」となるのですね。

反対に、愛猫のことを一番知っているはずの飼い主さんが猫人形を作っても、なぜかそっくりにならないこともあります。先ほども言ったように、飼い主さんの記憶には「自分に甘えるかわいい猫」のイメージが強く焼きついています。また、猫の機嫌を知るために猫の目を知らず知らずに観察しているんですね。だから、それ以外の細部の顔や表情の記憶が曖昧になりやすい。こういった場合は、愛猫の写真を撮ったりなどして、少しでも客観的に見るようにするといいでしょう。

良い猫人形、上質の猫人形とは、こういった飼い主さんの記憶と、実在した証拠である写真などとの接点を上手く合わせられるようになって、初めて生まれるのかもしれませんね。

また、愛猫を亡くしてしまった人が、猫人形作りを楽しんでいるうちに傷心が癒える事があります。それから、自分の愛猫を上手く作れないと悩んでいる人が、他人のために猫人形を作ったらすばらしい作品になったこともあります。これも猫人形作りのおもしろい点だと思います。

第4章

アナザー・テクニック

この章では、猫の骨格についての知識をご紹介。理解が深まれば、リアル猫人形作りへの手助けになります。さらに、第3章で紹介しきれなかった「プラスα」のテクニックも掲載。「うちのこ」そっくりを目指していきましょう。

Lecture1

猫の骨格を知ろう

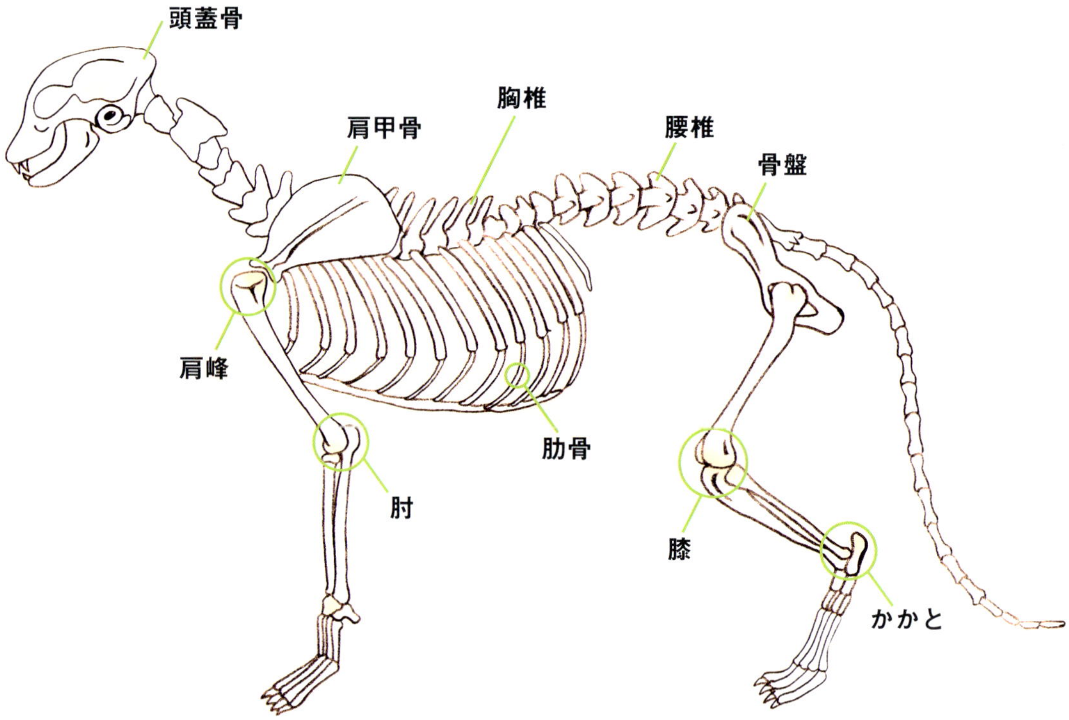

リアルの骨格

本物の骨格を知ることが上達の近道になります

リアルな猫人形作りを目指すには、本物の猫のことを知っておくことも大事です。骨格の作りを知っておけば、パーツをどうつなげればいいかの理解にもつながるはず。大きなポイントはつねに曲がった状態の後ろ足と、背骨よりも高い位置にある肩甲骨のラインです。これが猫の丸みをおびたフォルムを作り出しているのです。

猫人形の骨格

リアルの骨格を反映して、猫人形を作ってみましょう

猫人形を制作する時に、ポイントとなる骨格を掲載してみました。これらのポイントを重点的に意識して作っていくと、猫人形がぐっとリアルに近づいていきますよ。

背骨

胸椎から腰椎にかけて緩やかな曲線を描きます。胴体パーツのコッペパンを作る時に、丸みを意識するといいでしょう。

シッポ

猫のシッポは腰椎から骨盤、シッポと連結しています。背骨のラインに沿うように留めるのは、このためです。あまり下のほうにつけると不自然なので注意。

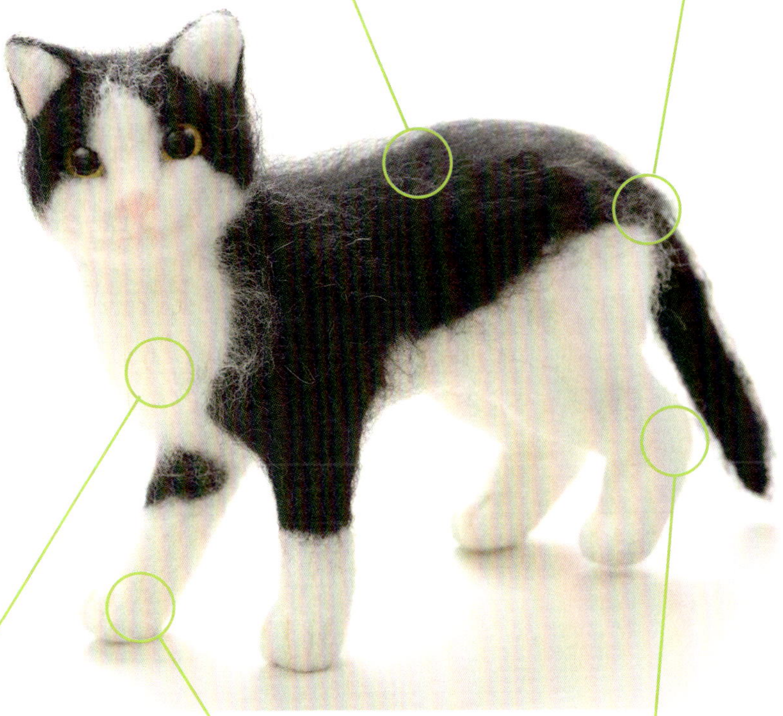

胸

意外とふくらんでいる印象のある猫の胸。骨が出っ張っているわけではないので、あまりふくらませすぎるとリアルから遠ざかります。毛並みで表現しましょう。

前足

猫の前足はきちんと指が5本あります（後ろ足は4本）。これを作ると、ぐっとリアルに近づきますよ。作り方はP 91を参照にしてください。

かかと

後ろ足パーツを途中で曲げるのは、かかとを作るため。猫のかかとは、4本足立ちの時、着地していません。角度をつける時の参考にしてください。

Lecture2

猫の毛色をリアルに作ろう

毛色は千差万別　毛色を「うちのこ」に近づける楽しさ

猫人形作りで一番難しく、一番楽しいのが毛色を作ること。ご存じのように、猫の毛色は千差万別。同じキジトラや三毛でも色は違いますし、光の加減や場所によっても色が変わって見えます。「うちのこ」そっくりの毛色ができれば、猫人形作りも楽しくなりますよね。そのために必要なテクニックをしっかり身につけましょう。

さまざまな毛色も猫の特徴のひとつ。混毛（こんもう）して、使いたい毛色に近づけていきましょう。

猫の毛色いろいろ

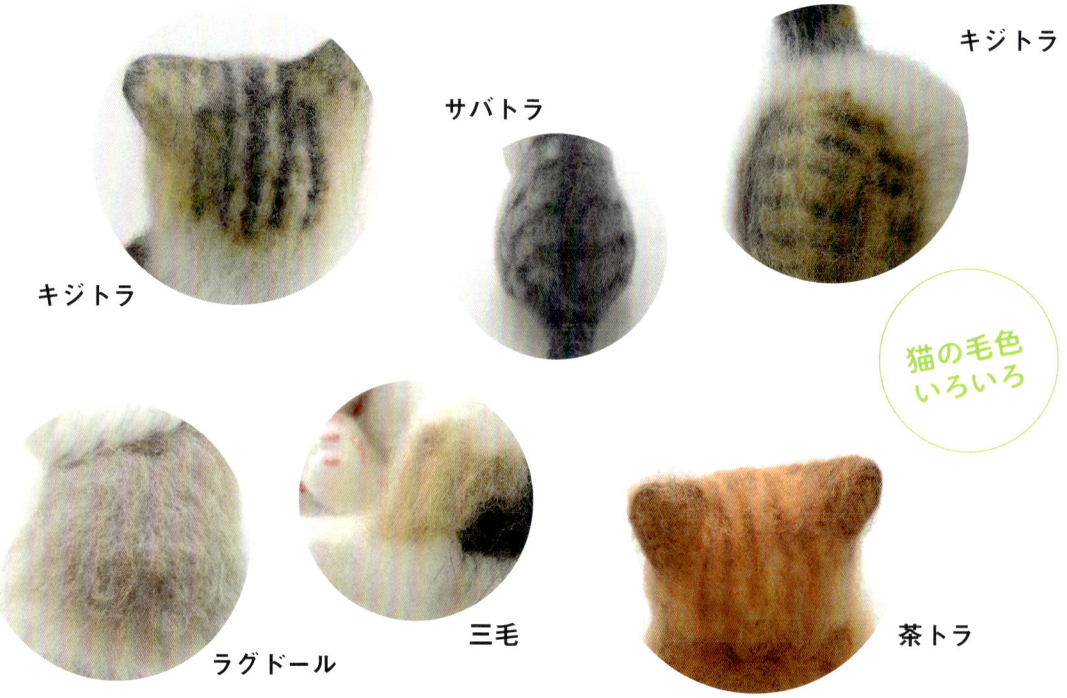

キジトラ
サバトラ
キジトラ
ラグドール
三毛
茶トラ

混毛 複数の羊毛フェルトを混ぜ合わせて、理想の色を作りましょう

1 混ぜ合わせたい羊毛フェルトを用意します。混ぜる割合によって色が変化するので、いろいろ試してみましょう。

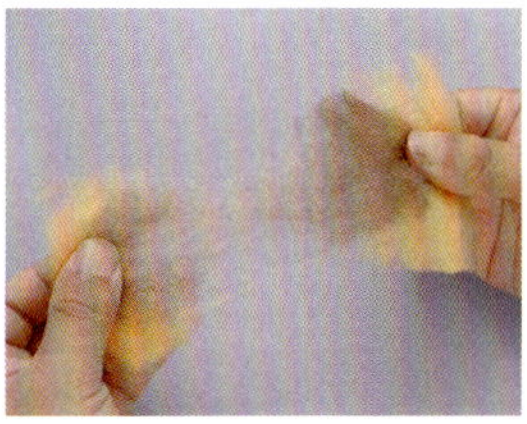

2 適量を手に取り、同じ繊維方向に重ねて、羊毛わたを作る要領（P32参照）で真横に裂きます。

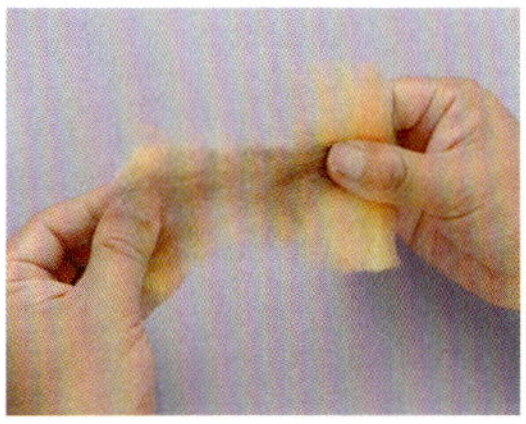

3 裂いた羊毛フェルトの角度を斜めにずらして重ねて、同じように真横に引き裂きます。

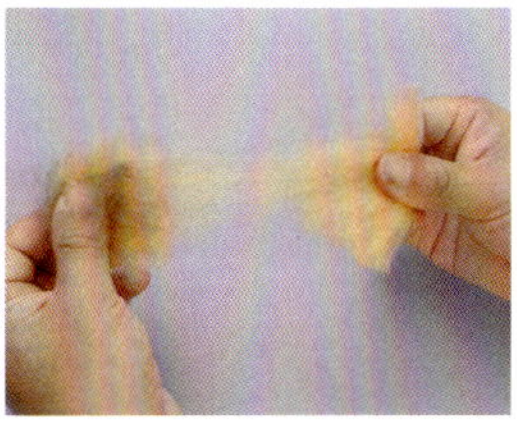

4 もう一度、裂いた羊毛フェルトの角度を斜めにずらして重ねて、真横に引き裂きます。

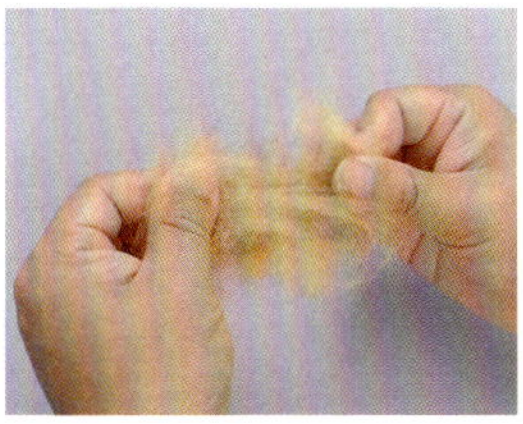

5 同じ動作を繰り返していきます。

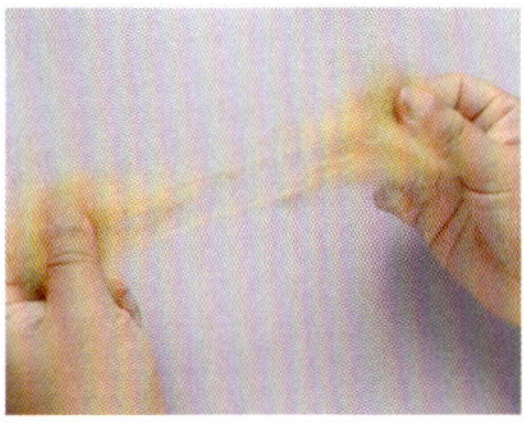

6 写真のように、しだいに2色の羊毛が混ざってくるはずです。

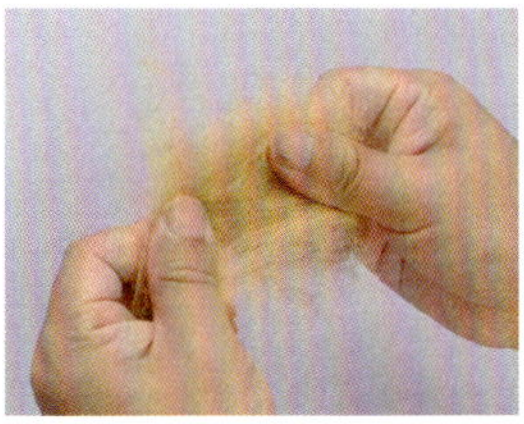

7 元の繊維の束がなくなるまで続けていきましょう。

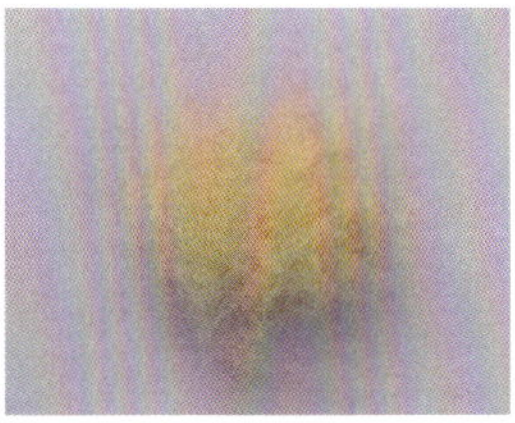

8 これがきれいに混じり合った状態です。オレンジと茶色の中間色として使えます。

中留め式植毛 自然なトラ模様やまだら模様を作る時に有効な植毛方法です。

1 トラやまだら模様を入れたい色の羊毛フェルトで、羊毛わたを作ります。

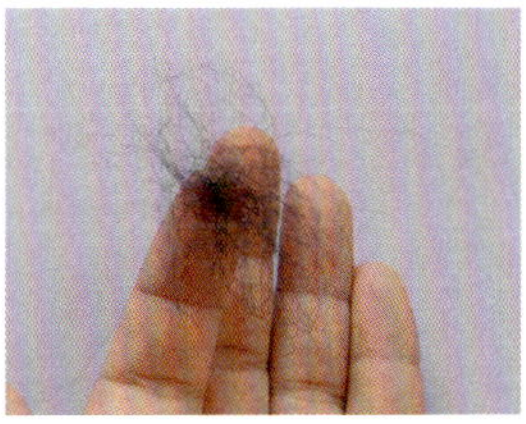

2 少量の羊毛わたを手に取ります。

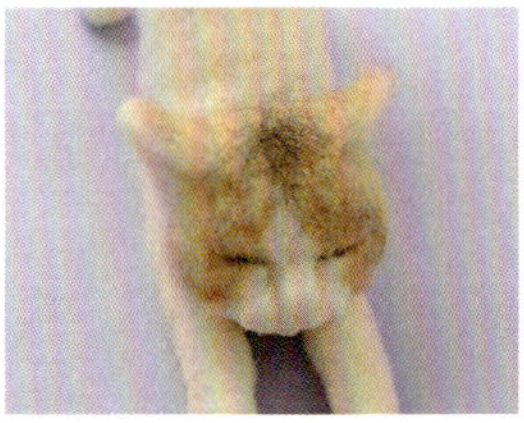

3 模様を入れたい位置に、羊毛わたを置きます。

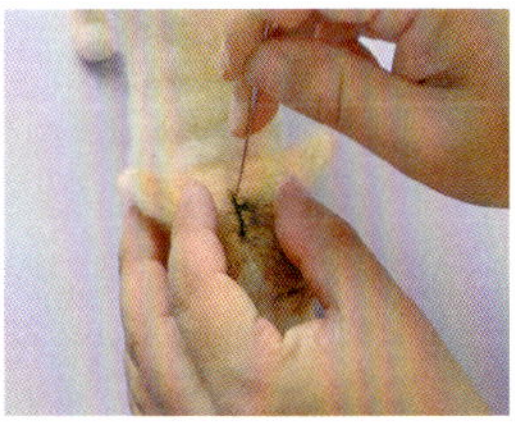

4 羊毛わたの真ん中だけを、深く刺します。細いラインができたはずです。まだら模様を作りたい時は、刺す横幅を太くしましょう。

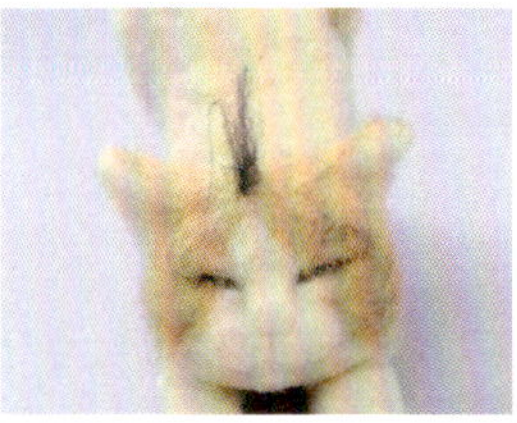

5 4であまった羊毛わたを完全に立たせます。

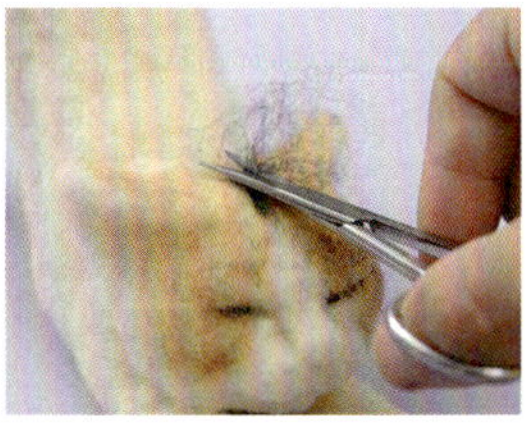

6 立たせた羊毛わたをハサミで切り落とします。

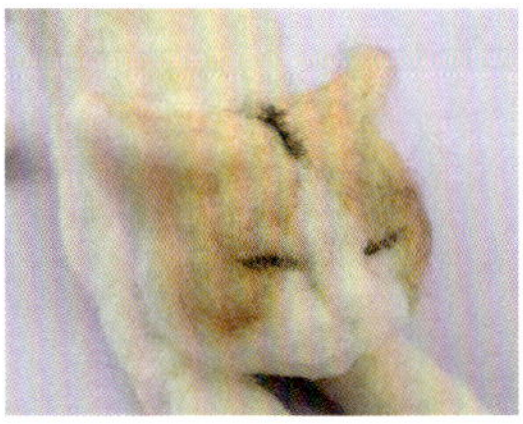

7 これでトラ模様の完成です。スパチュラで毛並みを整えると、さらにリアルになります。

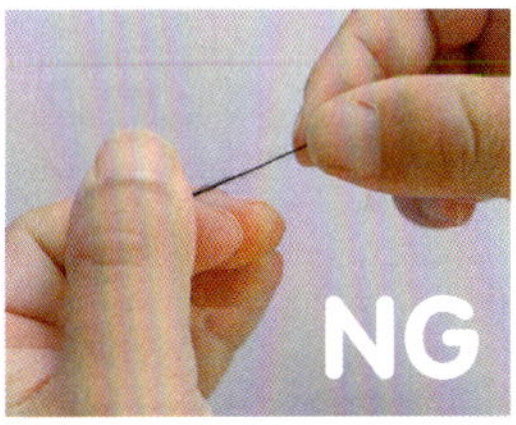

こよった羊毛フェルトを刺しても、ただの線にしかならずに毛並みが表現できません。羊毛わたを使いましょう。

Lecture 3

プラスαのテクニックを学ぼう

本物を追求しよう　ちょっとのテクニックでリアルに近づきます

ここでは、猫人形をさらに「うちのこ」そっくりに近づけるためのテクニックを2つご紹介しましょう。「目の色を変える方法」と「足の指の堀り方、肉球のつけ方」です。とくに前足、後ろ足に指と肉球をつけると、一気にリアルな猫に近づきますよ。ぜひチャレンジしてみてください。

目の色を変える方法

市販のキャッツアイを見て「うちのこ、目の色が違うんだけど」と思う時、ありませんか。そんな人におすすめのテクニックです。また、目の色が左右で異なる「オッドアイ」の猫にも使えますよ。

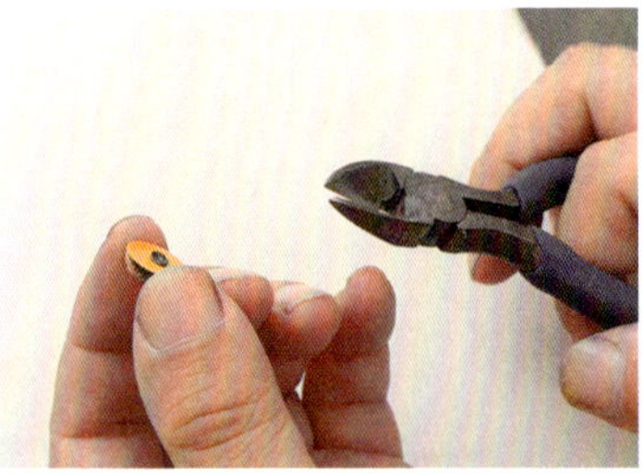

1 市販のキャッツアイの後ろに飛び出た部分をニッパーで切り落とします。

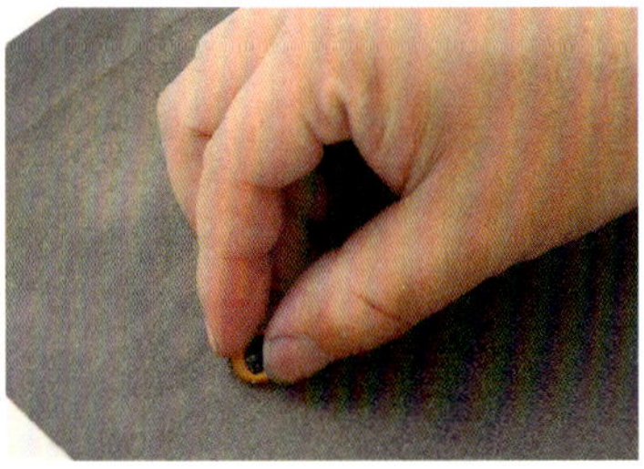

2 切り落とした面をサンドペーパーにあてて、やすりをかけましょう。

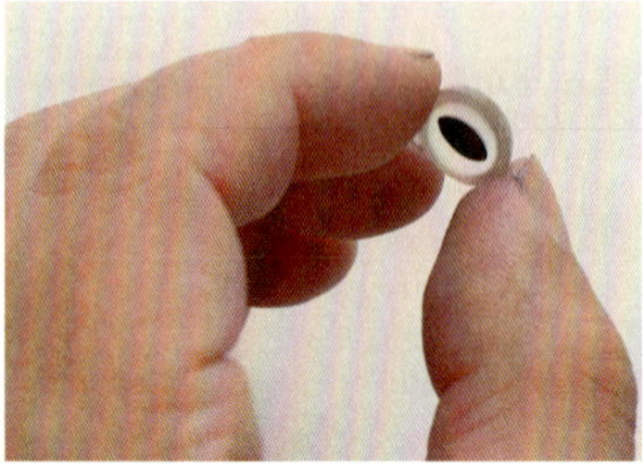

3 色のついた面が削れて、透明な状態になったはず。

4 油性のペンなどで、使いたい目の色を塗りましょう。

5 これで完成です。緑や黄色など、好みの目の色が作れます。

足の指の彫り方・肉球の作り方 その1

前足、後ろ足に指のラインを彫ってから、肉球を刺し留めていきます。肉球用にピンクの羊毛フェルトを少量、用意しておきましょう。「うちのこ」の肉球が黒いなら、黒い羊毛フェルトを使ってもOK。

1 足先の部分を4等分します。チャコペンでラインを引くとよいでしょう。

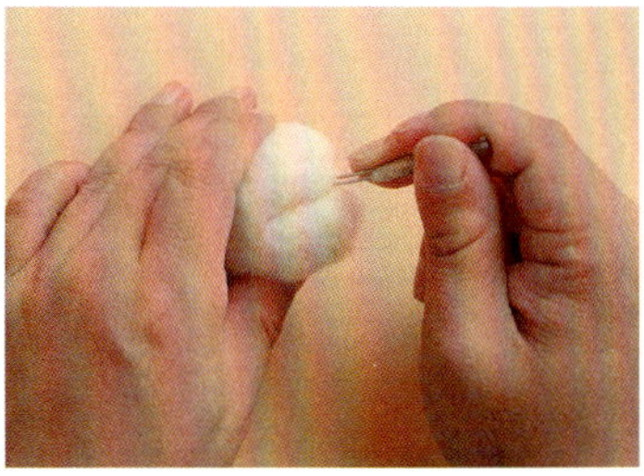

2 ラインに沿って、足の指を彫り出していきます。最初に真ん中のラインから彫るとやりやすいです。

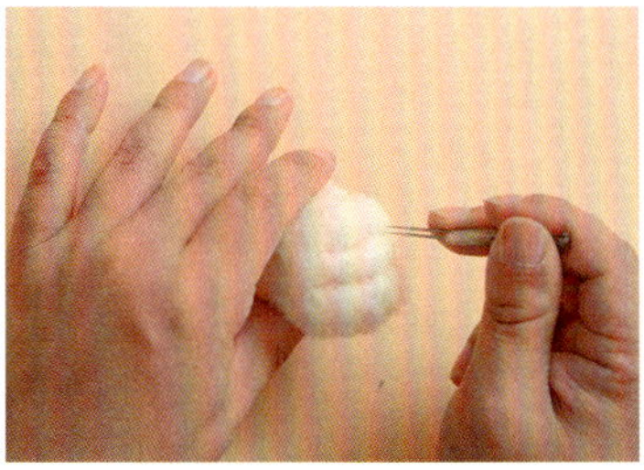

3 左右のラインを掘り出していきます。

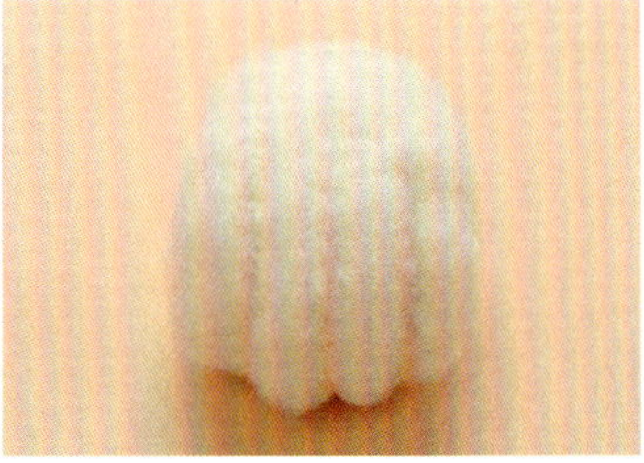

4 これが4本の指を彫り出した状態です。参考にしてください。

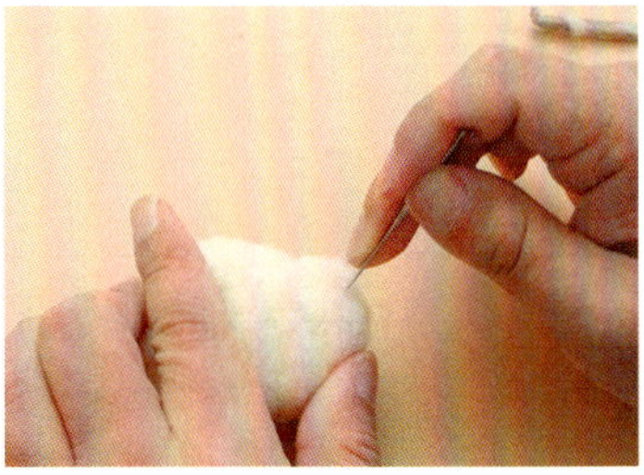

5 裏返して親指を彫ります。人差し指側の側面で、指2つ分ほど下あたりがベスト。

6 これが親指まで彫った状態です。

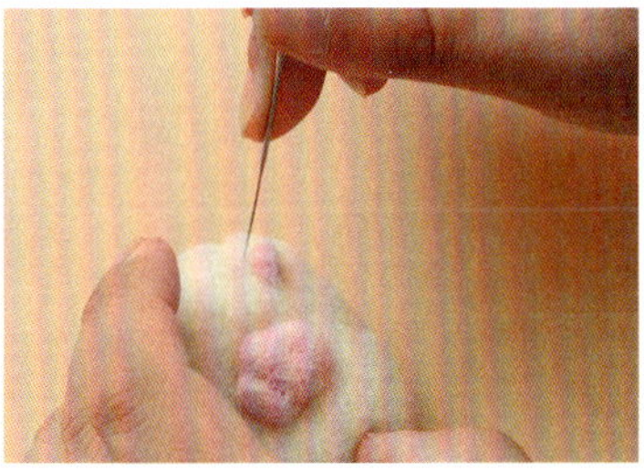

7 ピンクの羊毛フェルトで作った肉球を刺し留めます。米粒の形を作って組み合わせるようにしましょう。

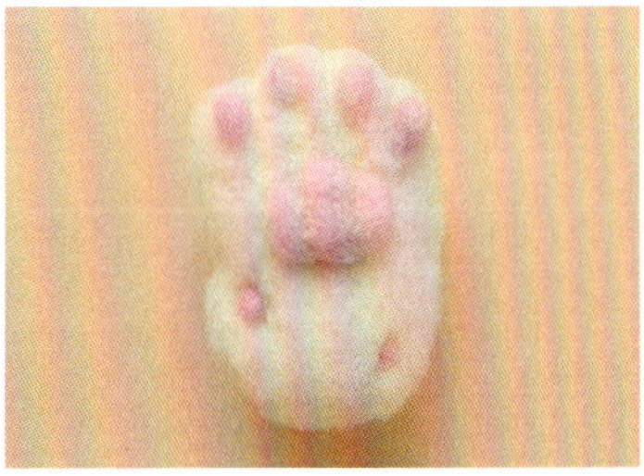

8 これが前足の完成形です。なお、後ろ足は親指がなく、親指の肉球もありません。

肉球の作り方 その2

肉球のパーツを羊毛フェルトではなく、軽量樹脂粘土で作る方法もあります。肉球のつるっとした質感がより強く表現できますよ。なお、作例で紹介した猫人形はこちらの方法を使っています。

1 マーカーペンなどを使って、軽量樹脂粘土をピンクや黒など肉球色に塗ります。

2 小さく丸めて、肉球の形を作りましょう。ボンドで足につけます。

猫人形型紙

パーツを作る際に、サイズに迷ったときは、
型紙を使ってみましょう。

● 顔

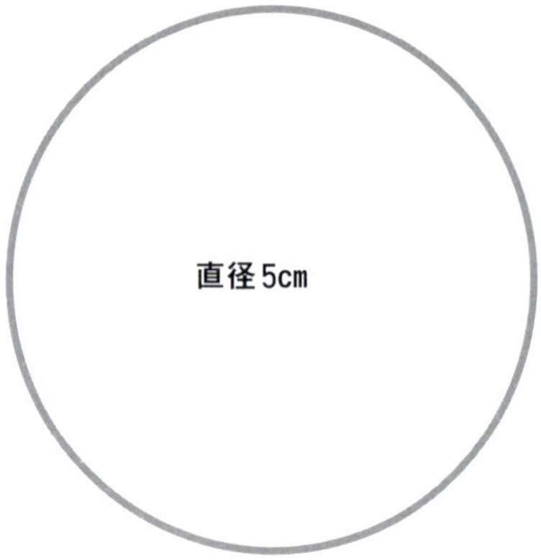

● 太もも

● 胴体

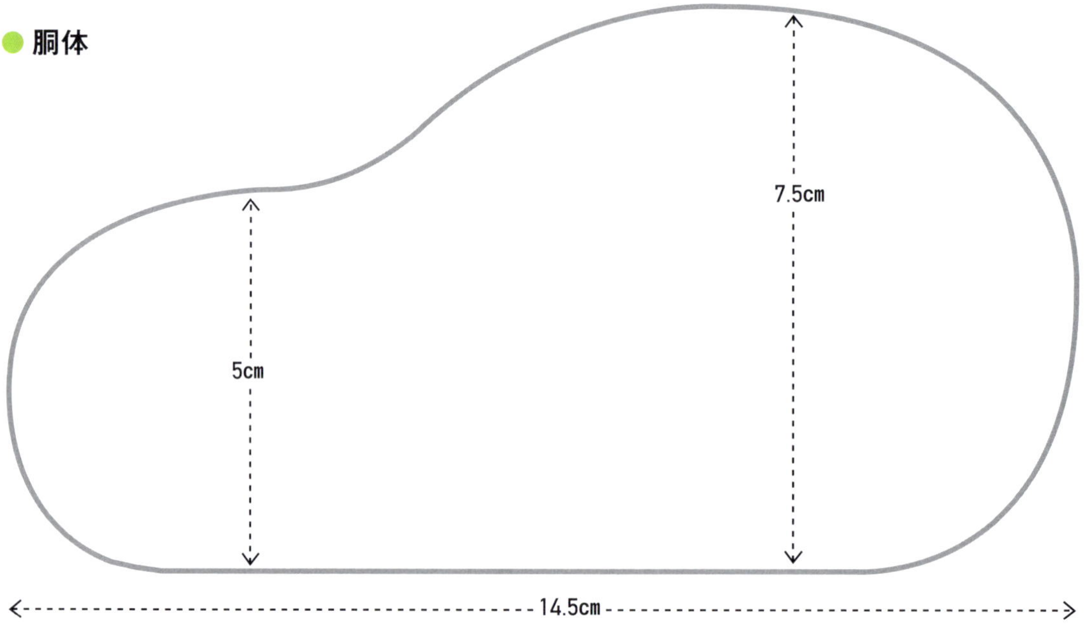

耳

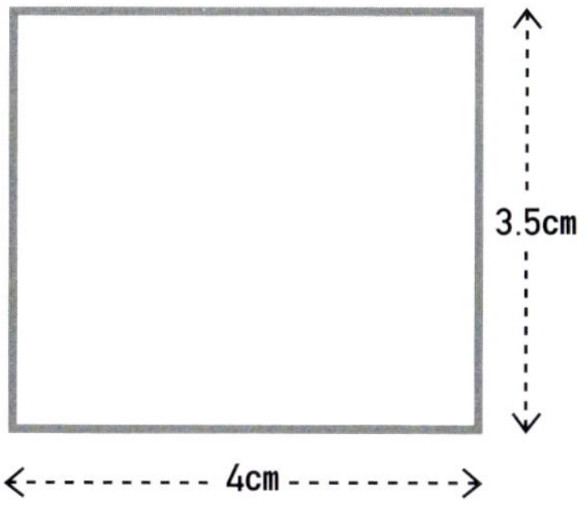

足1

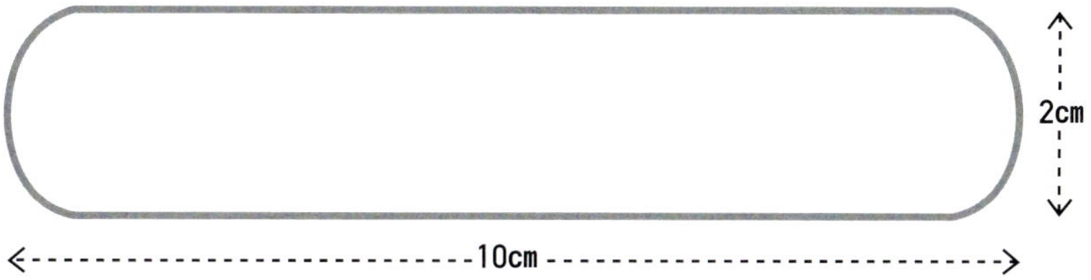

足2

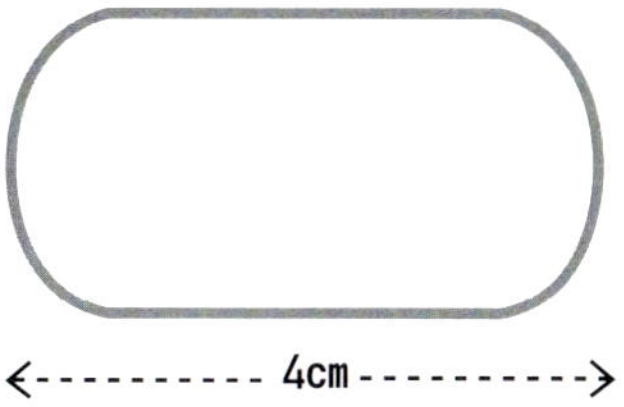

シッポ　　好みの長さで用意。

※足2は「お座りしている猫」などの、折りたたんだ後ろ足として使います。

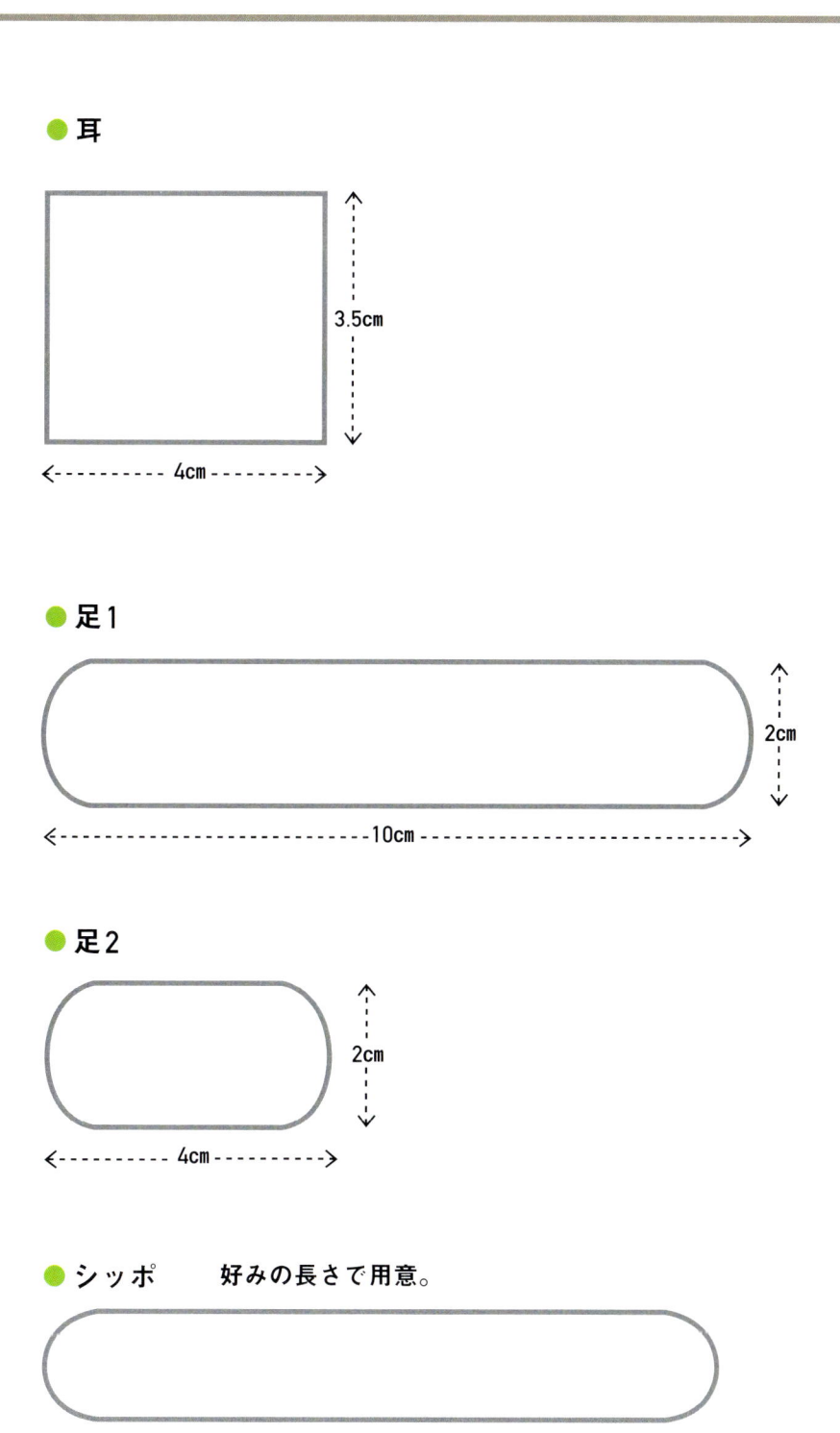

おわりに

見ているだけよりも、作るほうが何倍も楽しい！
物を作る楽しさは作った本人にしかわかりません。
他人は、ただそれを見て良いだの悪いだのと感想を述べることしかできません。
他人の作った物を見て感動するのはとても簡単ですが、
そこに本当の感動はないと思います。
本当の感動とは、自分自身で作品を作りきった時に初めて生まれるのだと
私は思っています。

日本人は元来、物作りをさせれば、趣味であろうと仕事であろうと
極めてクオリティーの高い物を作り上げられる
「毎日少しずつ、コツコツと地道に勤めてモノ作りを楽しめる」という
素晴らしい素質をもっています。
物があふれかえっている昨今、買うことで得られる感動は
とても希薄なものでしかないでしょう。
買って見るだけの感動に疑問を感じ始めている方はぜひ、
猫人形制作にチャレンジしてみてください。
きっと今まで感じることのなかった感動が訪れるでしょう。
そして、その作品が第三者を感動させられるようになれば、
さらにすばらしいでしょう。

本書をごらんになった皆様が、
モノ作りの楽しさに目覚めてくださったなら、作者として幸いです。

佐藤法雪

STAFF

デザイン　岡 睦、横山朋香、郷田歩美（mocha design）
構成・執筆　伊藤英理子
撮影　奥山美奈子
企画・進行　山口京美（猫びより編集部）

制作協力　早野佳秀（FAIS UN REVE）
猫人形制作補助　森山裕子、國廣順子、加川聡葉、深谷眞理子
猫毛提供協力　五十住百合子、袴田悦香、袴田真美、中嶋優子

素材協力　ハマナカ株式会社
京都本社 〒616-8585　京都府京都市右京区花園薮ノ下町 2 番地の 3
TEL：075-463-5151（代）　FAX：075-463-5159
http://www.hamanaka.co.jp

羊毛フェルトでつくる

ウチのコそっくり かわいい子猫

平成 25 年 10 月 1 日　初版第 1 刷発行

著者　佐藤法雪
編集人　井上祐彦
発行人　穂谷竹俊
発行所　株式会社 日東書院本社
〒160-0022
東京都新宿区新宿 2-15-14　辰巳ビル
TEL：03-5360-7522（代表）
FAX：03-5360-8951（販売部）
URL：http://www.TG-NET.co.jp/

印刷所　大日本印刷株式会社
製本所　株式会社宮本製本所

　ISBN978-4-528-01876-1 C2077